L'Évangile selon saint Marc
Illustré par des icônes et des fresques

L'Évangile selon saint Marc

Présenté et illustré
avec des icônes et des fresques
par Michel Quenot

Éditions Orth**druk**

En couverture :
La tempête apaisée, fresque peinte en 1545-46 par Théophane le Crétois, église Saint Nicolas, monastère Saint Nicolas Anapafsas, Météores, Grèce.

Texte biblique tiré de la Traduction Segond 1910, libre de droits.

© Crédit photographique et introduction:
Michel Quenot

© Édition française
Orthdruk 2017
office@orthdruk.pl

Diffusion tous pays sauf la Suisse : LA PROCURE, 3, rue de Mézières, F – 75006 Paris
www.laprocure.com
En Suisse : Diffusion Albert le Grand, 1700 Fribourg

ISBN 978-83-89396-77-8

Introduction

Accomplissement de l'Ancien Testament qui traduit l'attente du Sauveur, le Nouveau relate sa venue parmi les hommes à travers ses actes et ses paroles de vie. Voilà pourquoi saint Jérôme déclare : « Ignorer l'Écriture Sainte, c'est ignorer le Christ ».

Le premier en date des Évangiles, le plus court aussi (673 versets contre 1149 pour Luc et 1068 pour Matthieu), l'Évangile de Marc frappe par sa spontanéité, son réalisme et son authenticité. De qualité littéraire déficiente en raison d'une composition, d'un vocabulaire et d'un style assez pauvres, il bouillonne en revanche de vie. Bien que nullement témoin oculaire des faits rapportés, le style oral et familier de l'auteur, son recours fréquent au présent et son sens aigu de l'observation entraînent le lecteur dans ce récit d'une grande précision. Les événements décrits semblent se dérouler sous nos yeux.

Au départ anonyme, l'auteur reconnu est Jean, surnommé Marc. Sa mère juive et veuve accueille les premiers chrétiens dans sa maison de Jérusalem (Ac 12, 12) qui inclut le Jardin de Gethsémani. Il connaît personnellement le Christ et l'épisode du jeune disciple s'échappant nu au moment de son arrestation (Mc 14, 51) le désigne vraisemblablement.

Cousin de Barnabé, l'un des responsables de l'Église d'Antioche, il l'accompagne lors d'un voyage avec Paul (Ac 12, 25 ; 15, 37-39) qui le mentionne chaleureusement dans sa deuxième Épître à Timothée (4, 11). Également compagnon de Pierre durant ses dernières années à Rome, et qui le désigne affectueusement comme son fils (1 P 5, 13), il s'en fait l'interprète et l'écho fidèle. Il met par écrit, peu avant l'an 70, à Rome ou peut-être à Alexandrie, ce qu'il a entendu, surtout de la bouche de Pierre, témoin oculaire privilégié, et peut-être lu. La langue grecque utilisée à l'époque joue le rôle de langue officielle dans toute la sphère méditerranéenne.

Le plus ancien en date des Évangiles, et par conséquent le plus proche des événements relatés, il cède moins à l'interprétation de leur sens. Tant Matthieu que Luc incluent dans leurs Évangiles la majeure partie de celui de Marc qui se distingue par son authenticité et jouit très tôt d'un grand prestige dans l'Église de Rome.

De là, Marc se rend en Égypte et opère de nombreuses conversions, aussi bien à Alexandrie, imposante métropole païenne et centre de culture hellénique, que dans le reste du pays. Arrêté et soumis à la torture quelques années plus tard, il meurt à 57 ans. Fondateur et premier martyr de l'Église d'Alexandrie, son corps aurait été ramené, en 828, par deux marchants à Venise dont il devient le saint patron.

L'Évangile inspiré qui porte son nom s'adresse prioritairement aux Gentils, les nouveaux-venus à la foi au Ressuscité, souvent ignorants des coutumes juives qu'il explique délicatement. En ce temps de persécution, il proclame la Bonne Nouvelle au monde qu'il veut amener à la foi en Jésus et il encourage les chrétiens à rester ferme dans l'adversité (13, 9-13).

Comme l'évangéliste Jean, mais à l'encontre des Évangiles de Matthieu et Luc, Marc passe sous silence la naissance de Jésus et son enfance, évoquant de suite la préparation à son ministère. Au terme de trente années d'une vie discrète à Nazareth parmi les Juifs, Jésus amorce au Jourdain sa vie publique qui dure trois ans. Dans le premier verset qui sonne comme un titre, Marc met en évidence l'irruption de la Bonne Nouvelle parmi les hommes en la personne de Jésus Christ, Fils de Dieu (1, 1), qui déclare : « Les temps sont accomplis et le Royaume de Dieu est tout proche : repentez-vous et croyez à la Bonne Nouvelle » (1, 15).

Le récit commence avec l'entrée en scène de Jean-Baptiste, le messager de Dieu annoncé dans les Écritures et qui pointe vers Jésus, le Fils du Très-Haut. Lorsqu'il le baptise, en réponse à sa demande, il entend une voix céleste le désigner comme tel, tandis que l'Esprit saint descend sur Lui.

L'évangéliste saint Marc, fresque, 1327-28, église Saint Georges, Nagoričane, Ex-république yougoslave de Macédoine.

Après la tentation avortée au désert qui montre la victoire du Fils de Dieu sur Satan, son farouche ennemi, l'exhortation au repentir et à la foi résonne avec force. Jésus choisit ses premiers disciples, puis il enseigne – surtout en paraboles –, guérit les malades et les infirmes, souvent le jour du sabbat, et chasse les démons. Lorsqu'il multiplie les pains et les poissons, ordonne au vent et calme les eaux de la mer, son pouvoir sur le monde physique provoque le questionnement des disciples : « Qui est-il donc, Celui-là, que même le vent et la mer Lui obéissent » (4, 41), question déjà posée face à son pouvoir sur les esprits impurs (1, 27). Il ne se contente en outre pas de partager la table des pécheurs notoires et des collecteurs d'impôts détestés du peuple, mais remet les péchés.

Tout en insistant que Jésus est le Fils de Dieu, le Messie, le roi oint de la descendance de David désigné par le terme grec *Christos*, Marc laisse entendre que son identité véritable reste un secret durant sa vie. Quand les démons le désignent à maintes reprises comme Fils de Dieu par la bouche des possédés, il leur ordonne le silence. Et il enjoint, souvent en vain, plusieurs bénéficiaires de ses miracles de taire son identité, car il pressent que dans l'incapacité de comprendre sa mission, la plupart des gens veulent faire de Lui un roi temporel.

En Galilée, où il exerce son ministère, Jésus attire les foules qui accourent enthousiastes. Marc n'embellit pas les faits dans son portrait de Jésus qui s'étonne de l'incrédulité de ses compatriotes (6, 6) et éprouve la faim (11, 12). Quand la fatigue se lit sur son visage à la suite de son engagement soutenu, ses proches s'inquiètent (3, 21). Sans jamais se mettre en avant ni vouloir impressionner par ses œuvres, il renvoie en tout temps à la puissance de Dieu, ajoutant que ceux qui croient en Lui accompliront eux aussi des miracles.

Dans sa confrontation aux scribes et aux Pharisiens attachés à la lettre de la Loi et toujours prompts à Lui tendre un piège à partir d'arguments futés, Jésus développe l'essentiel de son enseignement, opposant par exemple la propreté des objets à la pureté du cœur, le lien du sang à celui de la fraternité spirituelle : « Quiconque fait la volonté de Dieu, celui-là est mon frère et ma sœur et ma mère » (3, 35). Son franc-parler Lui vaut bien vite l'inimitié, l'opposition et la hargne de ceux qu'il remet en place et qui collent aux traditions pharisaïques.

Face à ses miracles, à ses paraboles et à son enseignement qui questionnement son identité véritable, Pierre – malgré ses trois

L'évangéliste saint Marc, miniature, fin X^e – début XIe s., Tetraévangéliaire, codex 588, f. 89b, monastère Dionysiou, Mont Athos, Grèce.

reniements au moment de la Passion –, se détache très vite du groupe des Apôtres par sa confession qu'il est le Christ (8, 29), le Sauveur du monde. Avec Jacques et Jean, il assiste à la Transfiguration de leur Maître qui laisse percer un pan de sa divinité dans un flot de lumière avec l'intervention de la nuée et de la voix du Père (9, 2ss).

Si d'aucuns peinent à reconnaître en Jésus le Fils de Dieu, les disciples eux-mêmes mettent un certain temps à s'en convaincre. À l'annonce de son sort à venir aux mains des grand-prêtres et des chefs de la nation, ils résistent, sont choqués, refusent de croire qu'un mauvais traitement puisse être infligé au Messie. Après la brève explosion de joie consécutive à son entrée triomphale à Jérusalem, puis suite à l'expulsion des marchands du Temple qu'il désigne comme sa maison, les siens perçoivent la tragédie imminente. Les responsables juifs, qui l'ont désigné comme l'ennemi à abattre, mettront tout en œuvre pour l'exterminer.

Dans le récit de la Passion qu'il présente comme une nécessité en réponse à un plan divin, Marc précise que Dieu, en la personne de Jésus, le Dieu-homme, va donner volontairement sa vie pour le salut du monde, vaincre la mort par sa mort sur la Croix et conduire victorieusement l'histoire à son terme. L'entrée à Jérusalem, la suite de son enseignement et les controverses, l'invitation à se tenir prêt pour les événements apocalyptiques qui précéderont le retour en gloire du Fils de l'Homme, le dernier repas avec ses disciples et l'arrestation à Gethsémani, puis la tragédie de sa condamnation conduisant à la Crucifixion et à la mise au Tombeau, tout est décrit avec simplicité et réalisme dans une atmosphère de véracité. Comme dans le reste du récit, Jésus manifeste des sentiments profondément humains qui vont de l'indignation à la compassion, de la colère à la douceur, de la réprobation à l'admiration et de la tristesse à la joie.

Dans les plus anciens manuscrits connus à ce jour, cet Évangile s'achève abruptement avec le message de l'Ange au Tombeau vide (Mc 16, 8), le texte original de la fin étant perdu. Le récit des apparitions de Jésus constitue un ajout ultérieur.

Trop longtemps délaissé par rapport à Luc et à Matthieu qui reprennent tout son contenu, cet Évangile n'en reste pas moins unique par sa fraîcheur et sa crédibilité. Sa lecture met à l'écoute de l'apôtre Pierre dont il rapporte le témoignage oral avec toutes ses aspérités, mais aussi, et là réside l'avantage de ce récit, avec une sincérité désarmante et une vivacité qui touchent le cœur avant de toucher l'esprit.

Saint Jean-Baptiste, fresque, 1557, monastère Saint Bissarion Dousikou, région des Météores, Grèce.

L'illustration retenue ici donne à voir ce que les mots ne parviennent souvent pas à exprimer. En tant qu'images liturgiques de l'Église indivise et aujourd'hui de l'Église orthodoxe, les fresques et les icônes reproduites ici clament, elles aussi à travers les siècles, le Royaume à venir et manifestent le Dieu-homme, le Christ Jésus, Face visible du Dieu invisible.

Cette Bonne Nouvelle, transmise par un homme inspiré, n'est pas simplement à lire en quête de connaissance et de savoir, mais avec le désir profond d'acquérir l'Esprit de Dieu, de le laisser nous illuminer. Connaître le Christ implique en effet de le rencontrer dans ses faits et gestes, ses paroles aussi. Lu avec crainte et amour, ce texte inspiré révèle la sainteté de Dieu et notre indignité. Alors seulement s'accomplit la rencontre intime avec Celui qui est Parole.

p. Michel Quenot

L'Évangile selon saint Marc

La proclamation de Jean-Baptiste

1 ¹ Commencement de l'Évangile de Jésus-Christ, Fils de Dieu. ² Selon ce qui est écrit dans Isaïe, le prophète:
Voici, j'envoie devant toi mon messager, Qui préparera ton chemin; ³ *C'est la voix de celui qui crie dans le désert: Préparez le chemin du Seigneur, Aplanissez ses sentiers.*

⁴ Jean parut, baptisant dans le désert, et prêchant le baptême de repentance, pour la rémission des péchés. ⁵ Tout le pays de Judée et tous les habitants de Jérusalem se rendaient auprès de lui; et, confessant leurs péchés, ils se faisaient baptiser par lui dans le fleuve du Jourdain.

⁶ Jean avait un vêtement de poils de chameau, et une ceinture de cuir autour des reins. Il se nourrissait de sauterelles et de miel sauvage. ⁷ Il prêchait, disant: Il vient après moi celui qui est plus puissant que moi, et je ne suis pas digne de délier, en me baissant, la courroie de ses souliers. ⁸ Moi, je vous ai baptisés d'eau; lui, il vous baptisera du Saint-Esprit.

Jean-Baptiste prêche dans le désert, fresque, 1356, église de la Dormition, monastère Matejche, région de Kumanovo, Ex-république yougoslave de Macédoine. Les visages aux yeux crevés renvoient à l'occupation ottomane durant laquelle la persécution contre les chrétiens s'est notamment manifestée par la destruction des fresques des églises.

Baptême de Jésus

⁹ En ce temps-là, Jésus vint de Nazareth en Galilée, et il fut baptisé par Jean dans le Jourdain. ¹⁰ Au moment où il sortait de l'eau, il vit les cieux s'ouvrir, et l'Esprit descendre sur lui comme une colombe. ¹¹ Et une voix fit entendre des cieux ces paroles: Tu es mon Fils bien-aimé, en toi j'ai mis toute mon affection.

Baptême du Christ, fresque, vers 1350, église du Pantocrator, monastère de Decăni, Kosovo-Serbie.

Tentation au désert

¹² Aussitôt, l'Esprit poussa Jésus dans le désert, ¹³ où il passa quarante jours, tenté par Satan. Il était avec les bêtes sauvages, et les anges le servaient.

Tentation du Christ au désert : « Fais que ces pierres deviennent des pains », détail, fresque vers 1350, église du Pantocrator, monastère de Dečani, Kosovo-Serbie.

Appel des premiers disciples, fresque récente, église du monastère du Saint Prophète Élie, Preveza, Grèce.

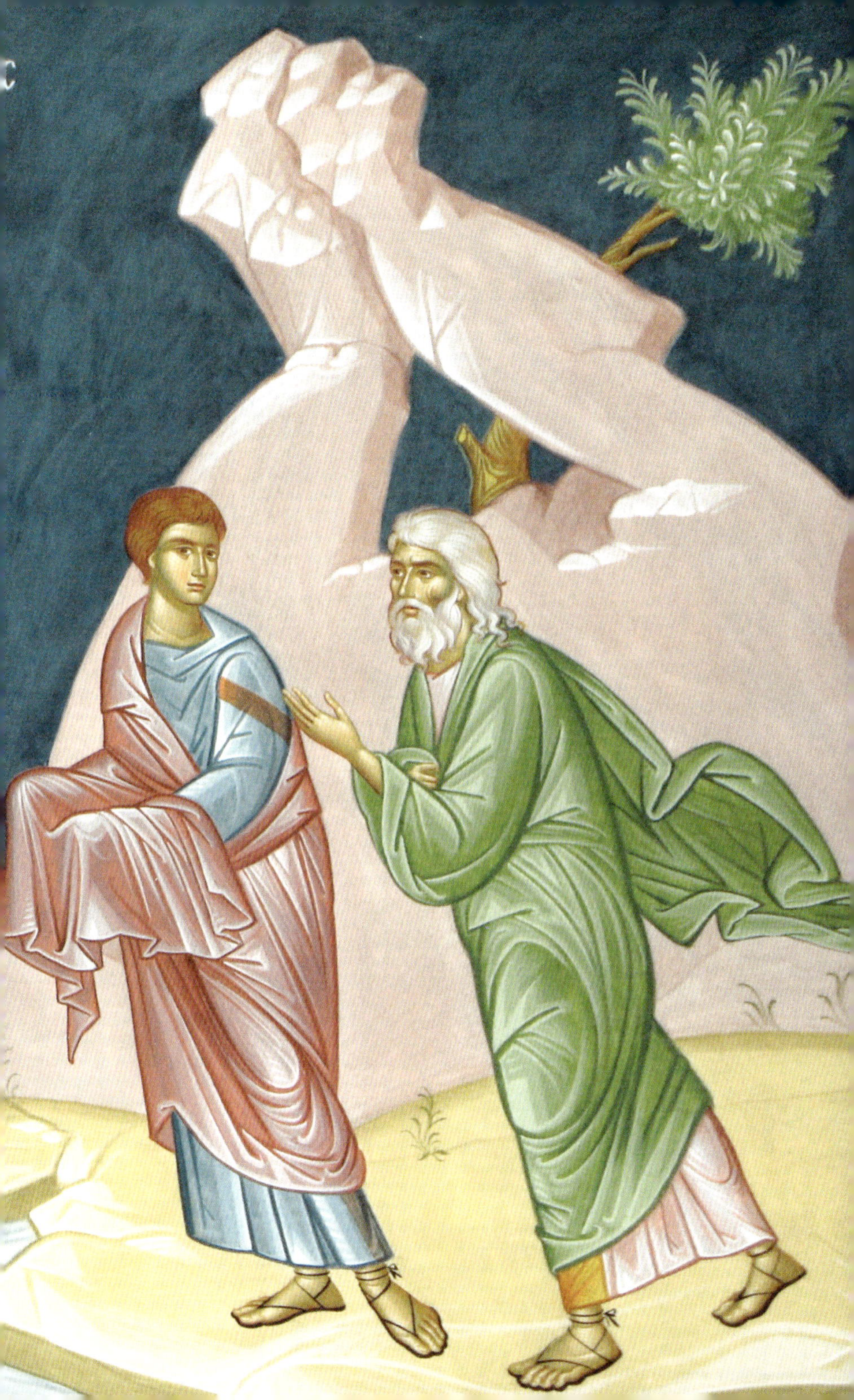

Jésus inaugure sa prédication

[14] Après que Jean eut été livré, Jésus alla dans la Galilée, prêchant l'Évangile de Dieu. [15] Il disait: Le temps est accompli, et le royaume de Dieu est proche. Repentez-vous, et croyez à la bonne nouvelle.

Appel des quatre premiers disciples

[16] Comme il passait le long de la mer de Galilée, il vit Simon et André, frère de Simon, qui jetaient un filet dans la mer; car ils étaient pêcheurs. [17] Jésus leur dit: Suivez-moi, et je vous ferai pêcheurs d'hommes. [18] Aussitôt, ils laissèrent leurs filets, et le suivirent.

[19] Étant allé un peu plus loin, il vit Jacques, fils de Zébédée, et Jean, son frère, qui, eux aussi, étaient dans une barque et réparaient les filets. [20] Aussitôt, il les appela; et, laissant leur père Zébédée dans la barque avec les ouvriers, ils le suivirent.

Enseignement à la synagogue de Capharnaüm et guérison d'un démoniaque

[21] Ils se rendirent à Capharnaüm. Et, le jour du sabbat, Jésus entra d'abord dans la synagogue, et il enseigna. [22] Ils étaient frappés de sa doctrine; car il enseignait comme ayant autorité, et non pas comme les scribes.

[23] Il se trouva dans leur synagogue un homme qui avait un esprit impur, et qui s'écria: [24] Qu'y a-t-il entre nous et toi, Jésus de Nazareth? Tu es venu pour nous perdre. Je sais qui tu es: le Saint de Dieu. [25] Jésus le menaça, disant: Tais-toi, et sors de cet homme. [26] Et l'esprit impur sortit de cet homme, en l'agitant avec violence, et en poussant un grand cri. [27] Tous furent saisis de stupéfaction, de sorte qu'ils se demandaient les uns aux autres: Qu'est-ce que ceci? Une nouvelle doctrine! Il commande avec autorité même aux esprits impurs, et ils lui obéissent! [28]Et sa renommée se répandit aussitôt dans tous les lieux environnants de la Galilée.

Guérison d'un possédé, fresque, XVIe s., église du monastère de la Transfiguration, Driovouno, Macédoine, Grèce.

Guérison de la belle-mère de Simon et d'autres malades

²⁹ En sortant de la synagogue, ils se rendirent avec Jacques et Jean à la maison de Simon et d'André. ³⁰ La belle-mère de Simon était couchée, ayant la fièvre; et aussitôt on parla d'elle à Jésus. ³¹ S'étant approché, il la fit lever en lui prenant la main, et à l'instant la fièvre la quitta. Puis elle les servit. ³² Le soir, après le coucher du soleil, on lui amena tous les malades et les démoniaques. ³³ Et toute la ville était rassemblée devant sa porte. ³⁴ Il guérit beaucoup de gens qui avaient diverses maladies; il chassa aussi beaucoup de démons, et il ne permettait pas aux démons de parler, parce qu'ils le connaissaient.

Guérisons multiples, fresque, XVIᵉ s., église du monastère de la Transfiguration, Driovouno, Macédoine, Grèce.

Ο ΤΥΧΟΜΛΥΚΤΥΦΛΥϹ

Guérison de la belle-mère de Pierre, fresque, XVIᵉ s., église du monastère de la Transfiguration, Driovouno, Macédoine, Grèce.

Jésus quitte secrètement Capharnaüm et parcourt la Galilée

³⁵ Vers le matin, pendant qu'il faisait encore très sombre, il se leva, et sortit pour aller dans un lieu désert, où il pria. ³⁶ Simon et ceux qui étaient avec lui se mirent à sa recherche; ³⁷ et, quand ils l'eurent trouvé, ils lui dirent: Tous te cherchent. ³⁸ Il leur répondit: Allons ailleurs, dans les bourgades voisines, afin que j'y prêche aussi; car c'est pour cela que je suis sorti. ³⁹ Et il alla prêcher dans les synagogues, par toute la Galilée, et il chassa les démons.

Guérison d'un lépreux

⁴⁰ Un lépreux vint à lui; et, se jetant à genoux, il lui dit d'un ton suppliant: Si tu le veux, tu peux me rendre pur. ⁴¹ Jésus, ému de compassion, étendit la main, le toucha, et dit: Je le veux, sois pur. ⁴² Aussitôt la lèpre le quitta, et il fut purifié. ⁴³ Jésus le renvoya sur-le-champ, avec de sévères recommandations, ⁴⁴ et lui dit: Garde-toi de rien dire à personne; mais va te montrer au prêtre, et offre pour ta purification ce que Moïse a prescrit, afin que cela leur serve de témoignage. ⁴⁵ Mais cet homme, s'en étant allé, se mit à publier hautement la chose et à la divulguer, de sorte que Jésus ne pouvait plus entrer publiquement dans une ville. Il se tenait dehors, dans des lieux déserts, et l'on venait à lui de toutes parts.

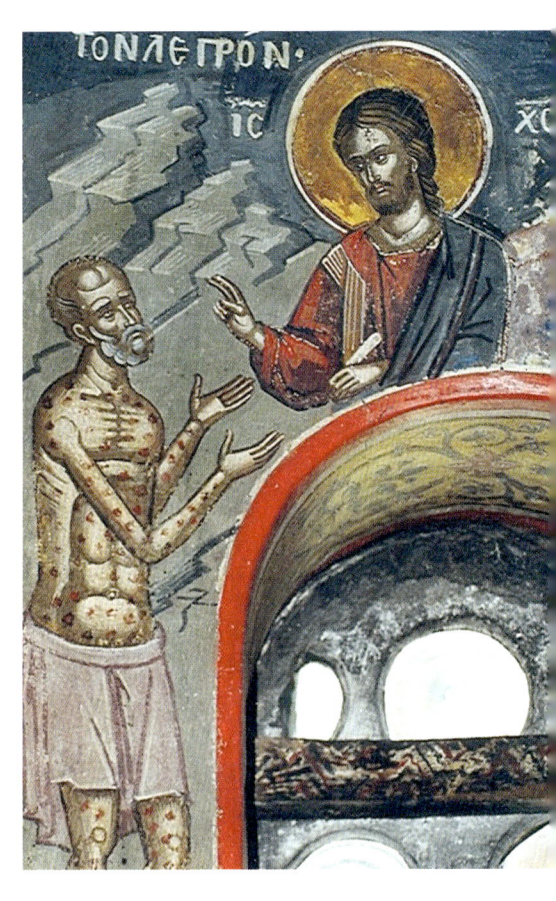

Guérison d'un lépreux, fresque, 1557, monastère Saint Bissarion Dousikou, région des Météores, Grèce.

Guérison d'un paralytique à Capharnaüm

2 ¹ Quelques jours après, Jésus revint à Capharnaüm. On apprit qu'il était à la maison, ² et il s'assembla un si grand nombre de personnes que l'espace devant la porte ne pouvait plus les contenir. Il leur annonçait la parole. ³ Des gens vinrent à lui, amenant un paralytique porté par quatre hommes. ⁴ Comme ils ne pou-

23

Guérison d'un paralytique, fresque, vers 1350, église du Pantocrator, monastère de Decăni, Kosovo-Serbie.

vaient l'aborder, à cause de la foule, ils découvrirent le toit de la maison où il était, et ils descendirent par cette ouverture le lit sur lequel le paralytique était couché. ⁵ Jésus, voyant leur foi, dit au paralytique: Mon enfant, tes péchés sont pardonnés. ⁶ Il y avait là quelques scribes, qui étaient assis, et qui se disaient au dedans d'eux: ⁷ Comment cet homme parle-t-il ainsi? Il blasphème. Qui peut pardonner les péchés, si ce n'est Dieu seul? ⁸ Jésus, ayant aussitôt connu par son esprit ce qu'ils pensaient au dedans d'eux, leur dit: Pourquoi avez-vous de telles pensées dans vos cœurs? ⁹ Lequel est le plus aisé, de dire au paralytique: Tes péchés sont pardonnés, ou de dire: Lève-toi, prends ton lit, et marche? ¹⁰ Or, afin que vous sachiez que le Fils de l'homme a sur la terre le pouvoir de pardonner les péchés: ¹¹ Je te l'ordonne, dit-il au paralytique, lève-toi, prends ton lit, et va dans ta maison. ¹² Et, à l'instant, il se leva, prit son lit, et sortit en présence de tout le monde,

Appel du publicain Lévi, fresque, vers 1350, église du Pantocrator, monastère de Decãni, Kosovo-Serbie.

de sorte qu'ils étaient tous dans l'étonnement et glorifiaient Dieu, disant: Nous n'avons jamais rien vu de pareil.

Appel de Lévi, le collecteur des taxes

[13] Jésus sortit de nouveau du côté de la mer. Toute la foule venait à lui, et il les enseignait. [14] En passant, il vit Lévi, fils d'Alphée, assis au bureau des péages. Il lui dit: Suis-moi. Lévi se leva, et le suivit. [15] Comme Jésus était à table dans la maison de Lévi, beaucoup de publicains et de gens de mauvaise vie se mirent aussi à table avec lui et avec ses disciples; car ils étaient nombreux, et l'avaient suivi. [16] Les scribes et les pharisiens, le voyant manger avec les publicains et les gens de mauvaise vie, dirent à ses disciples: Pourquoi mange-t-il et boit-il avec les publicains et les gens de mauvaise vie? [17] Ce que Jésus ayant en-

tendu, il leur dit: Ce ne sont pas ceux qui se portent bien qui ont besoin de médecin, mais les malades. Je ne suis pas venu appeler des justes, mais des pécheurs.

Discussion sur le jeûne

[18] Les disciples de Jean et les pharisiens jeûnaient. Ils vinrent dire à Jésus: Pourquoi les disciples de Jean et ceux des pharisiens jeûnent-ils, tandis que tes disciples ne jeûnent point? [19] Jésus leur répondit: Les amis de l'époux peuvent-ils jeûner pendant que l'époux est avec eux? Aussi longtemps qu'ils ont avec eux l'époux, ils ne peuvent jeûner. [20] Les jours viendront où l'époux leur sera enlevé, et alors ils jeûneront en ce jour-là. [21] Personne ne coud une pièce de drap neuf à un vieil habit; autrement, la pièce de drap neuf emporterait une partie du vieux, et la déchirure serait pire. [22] Et personne ne met du vin nouveau dans de vieilles outres; autrement, le vin fait rompre les outres, et le vin et les

Dialogue du Christ avec les Pharisiens, fresque, 1356, église de la Dormition, monastère Matejche, région de Kumanovo, Ex-république yougoslave de Macédoine.

outres sont perdus; mais il faut mettre le vin nouveau dans des outres neuves.

Les épis arrachés et l'observation du sabbat

²³ Il arriva, un jour de sabbat, que Jésus traversa des champs de blé. Ses disciples, chemin faisant, se mirent à arracher des épis. ²⁴ Les pharisiens lui dirent: Voici, pourquoi font-ils ce qui n'est pas permis pendant le sabbat? ²⁵ Jésus leur répondit: N'avez-vous jamais lu ce que fit David, lorsqu'il fut dans la nécessité et qu'il eut faim, lui et ceux qui étaient avec lui; ²⁶ comment il entra dans la maison de Dieu, du temps du grand prêtre Abiathar, et mangea les pains de proposition, qu'il n'est permis qu'aux prêtres de manger, et en donna même à ceux qui étaient avec lui! ²⁷ Puis il leur dit: Le sabbat a été fait pour l'homme, et non l'homme pour le sabbat, ²⁸ de sorte que le Fils de l'homme est maître même du sabbat.

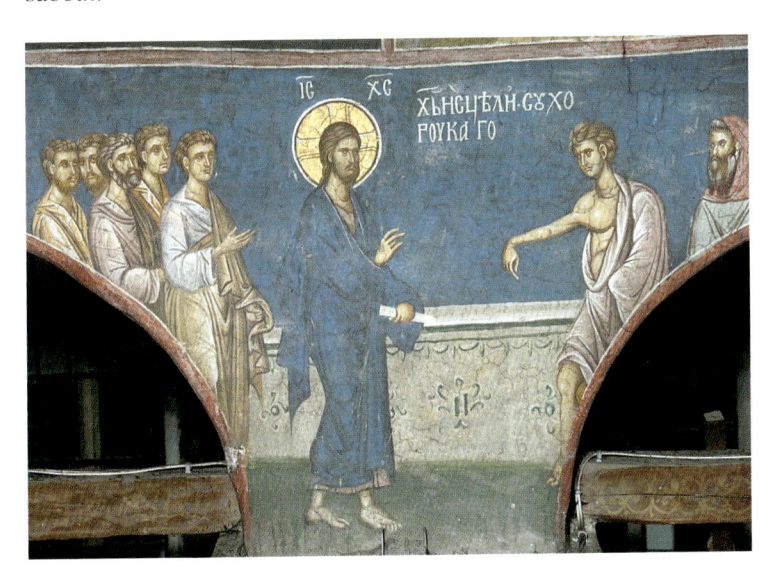

Guérison de l'homme à la main desséchée, fresque, vers 1350, église du Pantocrator, monastère de Dečani, Kosovo-Serbie.

Guérison d'un homme à la main desséchée le jour du sabbat

3 [1] Jésus entra de nouveau dans la synagogue. Il s'y trouvait un homme qui avait la main sèche. [2] Ils observaient Jésus, pour voir s'il le guérirait le jour du sabbat: c'était afin de pouvoir l'accuser. [3] Et Jésus dit à l'homme qui avait la main sèche: Lève-toi, là au milieu. [4] Puis il leur dit: Est-il permis, le jour du sabbat, de faire du bien ou de faire du mal, de sauver une personne ou de la tuer? Mais ils gardèrent le silence. [5] Alors, promenant ses regards sur eux avec indignation, et en même temps affligé de l'endurcissement de leur cœur, il dit à l'homme: Étends ta main. Il l'étendit, et sa main fut guérie. [6] Les pharisiens sortirent, et aussitôt ils se consultèrent avec les hérodiens sur les moyens de le faire périr.

Les foules à la suite de Jésus

[7] Jésus se retira vers la mer avec ses disciples. Une grande multitude le suivit de la Galilée; (3:8) et de la Judée, [8] et de Jérusalem, et de l'Idumée, et d'au delà du Jourdain, et des environs de Tyr et de Sidon, une grande multitude, apprenant tout ce qu'il faisait, vint à lui. [9] Il chargea ses disciples de tenir toujours à sa disposition une petite barque, afin de ne pas être pressé par la foule. [10] Car, comme il guérissait beaucoup de gens, tous ceux qui avaient des maladies se jetaient sur lui pour le toucher. [11] Les esprits impurs, quand ils le voyaient, se prosternaient devant lui, et s'écriaient: Tu es le Fils de Dieu. [12] Mais il leur recommandait très sévèrement de ne pas le faire connaître.

Le choix des Douze

[13] Il monta ensuite sur la montagne; il appela ceux qu'il voulut, et ils vinrent auprès de lui. [14] Il en établit douze, pour les avoir avec lui, (3:15) et pour les envoyer prêcher [15] avec le pouvoir de chasser les démons. [16] Voici les douze qu'il établit: Simon, qu'il nomma Pierre; [17] Jacques, fils de Zébédée, et Jean, frère de

Le choix des Douze, fresque, 1327-28, église Saint Georges, Nagoričane, Ex-république yougoslave de Macédoine.

Jacques, auxquels il donna le nom de Boanergès, qui signifie fils du tonnerre; [18] André; Philippe; Barthélemy; Matthieu; Thomas; Jacques, fils d'Alphée; Thaddée; Simon le Cananite; [19] et Judas Iscariot, celui qui livra Jésus. (3:20)

Le pouvoir de Jésus sur les démons

Ils se rendirent à la maison, [20] et la foule s'assembla de nouveau, en sorte qu'ils ne pouvaient pas même prendre leur repas. [21] Les parents de Jésus, ayant appris ce qui se passait, vinrent pour se saisir de lui; car ils disaient: Il est hors de sens. [22] Et les scribes, qui étaient descendus de Jérusalem, dirent: Il est possédé de Béelzébul; c'est par le prince des démons qu'il chasse les démons. [23] Jésus les appela, et leur dit sous forme de paraboles: Comment Satan peut-il chasser Satan? [24] Si un royaume est divisé contre lui-même, ce royaume ne peut subsister; [25] et si une maison est divisée contre elle-même, cette maison ne peut sub-

Jésus interpelle les scribes calomniateurs, fresque, détail, vers 1350, église du Pantocrator, monastère de Decăni, Kosovo-Serbie.

sister. ²⁶ Si donc Satan se révolte contre lui-même, il est divisé, et il ne peut subsister, mais c'en est fait de lui. ²⁷ Personne ne peut entrer dans la maison d'un homme fort et piller ses biens, sans avoir auparavant lié cet homme fort; alors il pillera sa maison.

Le blasphème contre l'Esprit Saint

²⁸ Je vous le dis en vérité, tous les péchés seront pardonnés aux fils des hommes, et les blasphèmes qu'ils auront proférés; ²⁹ mais quiconque blasphémera contre le Saint-Esprit n'obtiendra jamais de pardon: il est coupable d'un péché éternel. ³⁰ Jésus parla ainsi parce qu'ils disaient: Il est possédé d'un esprit impur.

La vraie parenté de Jésus

³¹ Survinrent sa mère et ses frères, qui, se tenant dehors, l'envoyèrent appeler. ³² La foule était assise autour de lui, et on lui dit: Voici, ta mère et tes frères sont dehors et te demandent. ³³ Et il répondit: Qui est ma mère, et qui sont mes frères? ³⁴ Puis, jetant les regards sur ceux qui étaient assis tout autour de lui: Voici, dit-il, ma mère et mes frères. ³⁵ Car, quiconque fait la volonté de Dieu, celui-là est mon frère, ma soeur, et ma mère.

Parabole du semeur

4¹ Jésus se mit de nouveau à enseigner au bord de la mer. Une grande foule s'étant assemblée auprès de lui, il monta et s'assit dans une barque, sur la mer. Toute la foule était à terre sur le rivage. ² Il leur enseigna beaucoup de choses en paraboles, et il leur dit dans son enseignement: ³ Écoutez. Un semeur sortit pour semer. ⁴ Comme il semait, une partie de la semence tomba le long du chemin: les oiseaux vinrent, et la mangèrent. ⁵ Une autre partie tomba dans un endroit pierreux, où elle n'avait pas beaucoup de terre; elle leva aussitôt, parce qu'elle ne trouva pas un sol profond; ⁶ mais, quand le soleil parut, elle fut brûlée et sécha, faute

Parabole du semeur, dessin du grand iconographe et théologien grec Photios Kontoglou († 1965).

de racines. ⁷ Une autre partie tomba parmi les épines: les épines montèrent, et l'étouffèrent, et elle ne donna point de fruit. ⁸ Une autre partie tomba dans la bonne terre: elle donna du fruit qui montait et croissait, et elle rapporta trente, soixante, et cent pour un. ⁹ Puis il dit: Que celui qui a des oreilles pour entendre entende.

Pourquoi Jésus parle en paraboles

¹⁰ Lorsqu'il fut en particulier, ceux qui l'entouraient avec les douze l'interrogèrent sur les paraboles. ¹¹ Il leur dit: C'est à vous qu'a été donné le mystère du royaume de Dieu; mais pour ceux qui sont dehors tout se passe en paraboles, *¹² afin qu'en voyant ils voient et n'aperçoivent point, et qu'en entendant ils entendent et ne comprennent point, de peur qu'ils ne se convertissent, et que les péchés ne leur soient pardonnés.*

Explication de la parabole du semeur

¹³ Il leur dit encore: Vous ne comprenez pas cette parabole? Comment donc comprendrez-vous toutes les paraboles? ¹⁴ Le semeur sème la parole. ¹⁵ Les uns sont le long du chemin, où la parole est semée; quand ils l'ont entendue, aussitôt Satan vient et enlève la parole qui a été semée en eux. ¹⁶ Les autres, pareillement, reçoivent la semence dans les endroits pierreux; quand ils entendent la parole, ils la reçoivent d'abord avec joie; ¹⁷ mais ils n'ont pas de racine en eux-mêmes, ils manquent de persistance, et, dès que survient une tribulation ou une persécution à cause de la parole, ils y trouvent une occasion de chute. ¹⁸ D'autres reçoivent la semence parmi les épines; ce sont ceux qui entendent la parole, ¹⁹ mais en qui les soucis du siècle, la séduction des richesses et l'invasion des autres convoitises, étouffent la parole, et la rendent infructueuse. ²⁰ D'autres reçoivent la semence dans la bonne terre; ce sont ceux qui entendent la parole, la reçoivent, et portent du fruit, trente, soixante, et cent pour un.

Explication de la parabole du semeur aux Douze, fresque, 1327-28, église Saint Georges, Nagoričane, Ex-république yougoslave de Macédoine.

Paraboles de la lampe et de la mesure

²¹ Il leur dit encore: Apporte-t-on la lampe pour la mettre sous le boisseau, ou sous le lit? N'est-ce pas pour la mettre sur le chandelier? ²² Car il n'est rien de caché qui ne doive être découvert, rien de secret qui ne doive être mis au jour. ²³ Si quelqu'un a des oreilles pour entendre, qu'il entende. ²⁴ Il leur dit encore: Prenez garde à ce que vous entendez. On vous mesurera avec la mesure dont vous vous serez servis, et on y ajoutera pour vous. ²⁵ Car on donnera à celui qui a; mais à celui qui n'a pas on ôtera même ce qu'il a.

Parabole de la semence qui pousse toute seule

[26] Il dit encore: Il en est du royaume de Dieu comme quand un homme jette de la semence en terre; [27] qu'il dorme ou qu'il veille, nuit et jour, la semence germe et croît sans qu'il sache comment. [28] La terre produit d'elle-même, d'abord l'herbe, puis l'épi, puis le grain tout formé dans l'épi; [29] et, dès que le fruit est mûr, on y met la faucille, car la moisson est là.

Parabole de la graine de moutarde

[30] Il dit encore: À quoi comparerons-nous le royaume de Dieu, ou par quelle parabole le représenterons-nous? [31] Il est semblable à un grain de sénevé, qui, lorsqu'on le sème en terre, est la plus petite de toutes les semences qui sont sur la terre; [32] mais, lorsqu'il a été semé, il monte, devient plus grand que tous les légumes, et pousse de grandes branches, en sorte que les oiseaux du ciel peuvent habiter sous son ombre.

L'enseignement en paraboles

[33] C'est par beaucoup de paraboles de ce genre qu'il leur annonçait la parole, selon qu'ils étaient capables de l'entendre. [34] Il ne leur parlait point sans parabole; mais, en particulier, il expliquait tout à ses disciples.

La tempête apaisée

[35] Ce même jour, sur le soir, Jésus leur dit: Passons à l'autre bord. [36] Après avoir renvoyé la foule, ils l'emmenèrent dans la barque où il se trouvait; il y avait aussi d'autres barques avec lui. [37] Il s'éleva un grand tourbillon, et les flots se jetaient dans la barque, au point qu'elle se remplissait déjà. [38] Et lui, il dormait à la poupe sur le coussin. Ils le réveillèrent, et lui dirent: Maître, ne t'inquiètes-tu pas de ce que nous périssons? [39] S'étant réveillé, il menaça le vent, et dit à la mer: Silence! tais-toi! Et le vent cessa,

La tempête apaisée, fresque peinte en 1545-46 par Théophane-le-Crétois, église Saint Nicolas, monastère Saint Nicolas Anapafsas, Météores, Grèce.

et il y eut un grand calme. [40] Puis il leur dit: Pourquoi avez-vous ainsi peur? Comment n'avez-vous point de foi? [41] Ils furent saisis d'une grande frayeur, et ils se dirent les uns aux autres: Quel est donc celui-ci, à qui obéissent même le vent et la mer?

Guérison d'un démoniaque Gadarénien

5 [1] Ils arrivèrent à l'autre bord de la mer, dans le pays des Gadaréniens. [2] Aussitôt que Jésus fut hors de la barque, il vint au-devant de lui un homme, sortant des sépulcres, et possédé d'un esprit impur. [3] Cet homme avait sa demeure dans les sépulcres, et personne ne pouvait plus le lier, même avec une chaîne. [4] Car souvent il avait eu les fers aux pieds et avait été lié de chaînes, mais il avait rompu les chaînes et brisé les fers, et personne n'avait la force de le dompter. [5] Il était sans cesse, nuit et jour, dans les sépulcres et sur les montagnes, criant, et se meur-

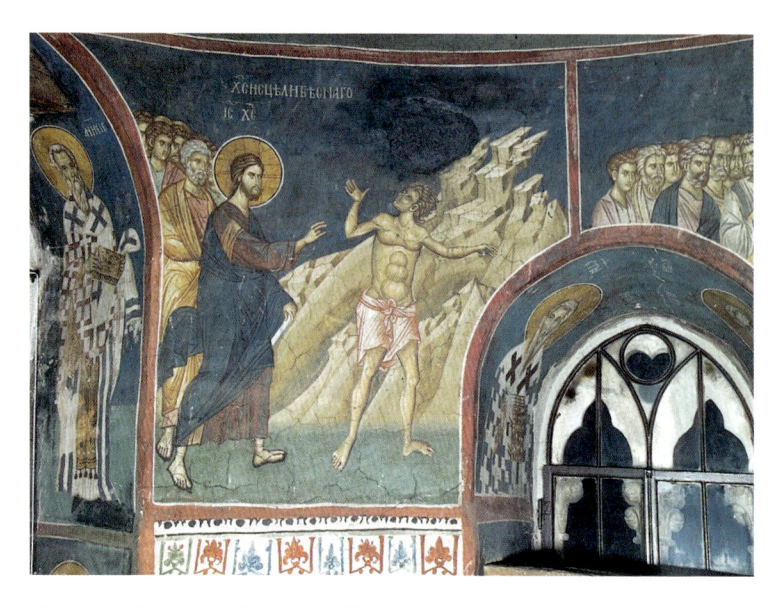

Guérison d'un possédé, fresque, détail, vers 1350, église du Pantocrator, monastère de Decāni, Kosovo-Serbie.

trissant avec des pierres. ⁶ Ayant vu Jésus de loin, il accourut, se prosterna devant lui, ⁷ et s'écria d'une voix forte: Qu'y a-t-il entre moi et toi, Jésus, Fils du Dieu Très-Haut? Je t'en conjure au nom de Dieu, ne me tourmente pas. ⁸ Car Jésus lui disait: Sors de cet homme, esprit impur! ⁹ Et, il lui demanda: Quel est ton nom? Légion est mon nom, lui répondit-il, car nous sommes plusieurs. ¹⁰ Et il le priait instamment de ne pas les envoyer hors du pays. ¹¹ Il y avait là, vers la montagne, un grand troupeau de pourceaux qui paissaient. ¹² Et les démons le prièrent, disant: Envoie-nous dans ces pourceaux, afin que nous entrions en eux. ¹³ Il le leur permit. Et les esprits impurs sortirent, entrèrent dans les pourceaux, et le troupeau se précipita des pentes escarpées dans la mer: il y en avait environ deux mille, et ils se noyèrent dans la mer. ¹⁴ Ceux qui les faisaient paître s'enfuirent, et répandirent la nouvelle dans la ville et dans les campagnes. Les gens allèrent voir ce qui était arrivé. ¹⁵ Ils vinrent auprès de Jésus, et ils virent le démoniaque, celui qui avait eu la légion, assis, vêtu, et dans son bon sens; et ils furent saisis de frayeur. ¹⁶ Ceux qui avaient vu ce qui s'était passé leur racontèrent ce qui était arrivé au démoniaque et aux pourceaux. ¹⁷ Alors ils se mirent à supplier Jésus de quitter leur territoire.

¹⁸ Comme il montait dans la barque, celui qui avait été démoniaque lui demanda la permission de rester avec lui. ¹⁹ Jésus ne le lui permit pas, mais il lui dit: Va dans ta maison, vers les tiens, et raconte-leur tout ce que le Seigneur t'a fait, et comment il a eu pitié de toi. ²⁰ Il s'en alla, et se mit à publier dans la Décapole tout ce que Jésus avait fait pour lui. Et tous furent dans l'étonnement.

Guérison d'une hémorroïsse et résurrection de la fille de Jaïre

²¹ Jésus dans la barque regagna l'autre rive, où une grande foule s'assembla près de lui. Il était au bord de la mer. ²² Alors

Guérison de la femme hémoroïsse qui touche le vêtement du Christ, fresque, XVIᵉ s., église du monastère de la Transfiguration, Driovouno, Macédoine, Grèce.

vint un des chefs de la synagogue, nommé Jaïre, qui, l'ayant aperçu, se jeta à ses pieds, [23] et lui adressa cette instante prière: Ma petite fille est à l'extrémité, viens, impose-lui les mains, afin qu'elle soit sauvée et qu'elle vive. [24] Jésus s'en alla avec lui. Et une grande foule le suivait et le pressait. [25] Or, il y avait une femme atteinte d'une perte de sang depuis douze ans. [26] Elle avait beaucoup souffert entre les mains de plusieurs médecins, elle avait dépensé tout ce qu'elle possédait, et elle n'avait éprouvé aucun soulagement, mais était allée plutôt en empirant. [27] Ayant entendu parler de Jésus, elle vint dans la foule par derrière, et toucha son vêtement. [28] Car elle disait: Si je puis seulement toucher ses vêtements, je serai guérie. [29] Au même instant la perte de sang s'arrêta, et elle sentit dans son corps qu'elle était guérie de son mal. [30] Jésus connut aussitôt en lui-même qu'une force était sortie de lui; et, se retournant au milieu de la foule, il dit: Qui a touché mes vêtements? [31] Ses disciples lui dirent: Tu vois la foule qui te presse, et tu dis: Qui m'a touché? [32] Et il regardait autour de lui, pour voir celle qui avait fait cela. [33] La femme, effrayée et tremblante, sachant ce qui s'était passé en elle, vint se jeter à ses pieds, et lui dit toute la vérité. [34] Mais Jésus lui dit: Ma fille, ta foi t'a sauvée; va en paix, et sois guérie de ton mal. [35] Comme il parlait encore, survinrent de chez le chef de la synagogue des gens qui dirent: Ta fille est morte; pourquoi importuner davantage le maître? [36] Mais Jésus, sans tenir compte de ces paroles, dit au chef de la synagogue: Ne crains pas, crois seulement. [37] Et il ne permit à personne de l'accompagner, si ce n'est à Pierre, à Jacques, et à Jean, frère de Jacques. [38] Ils arrivèrent à la maison du chef de la synagogue, où Jésus vit une foule bruyante et des gens qui pleuraient et poussaient de grands cris. [39] Il entra, et leur dit: Pourquoi faites-vous du bruit, et pourquoi pleurez-vous? L'enfant n'est pas morte, mais elle dort. [40] Et ils se moquaient de lui. Alors, ayant fait sortir tout le monde, il prit avec lui le père et la mère de l'enfant, et ceux qui l'avaient accompagné, et il entra là où était l'enfant. [41] Il la saisit par la main, et lui dit: Talitha koumi, ce qui signifie: Jeune fille, lève-toi, je

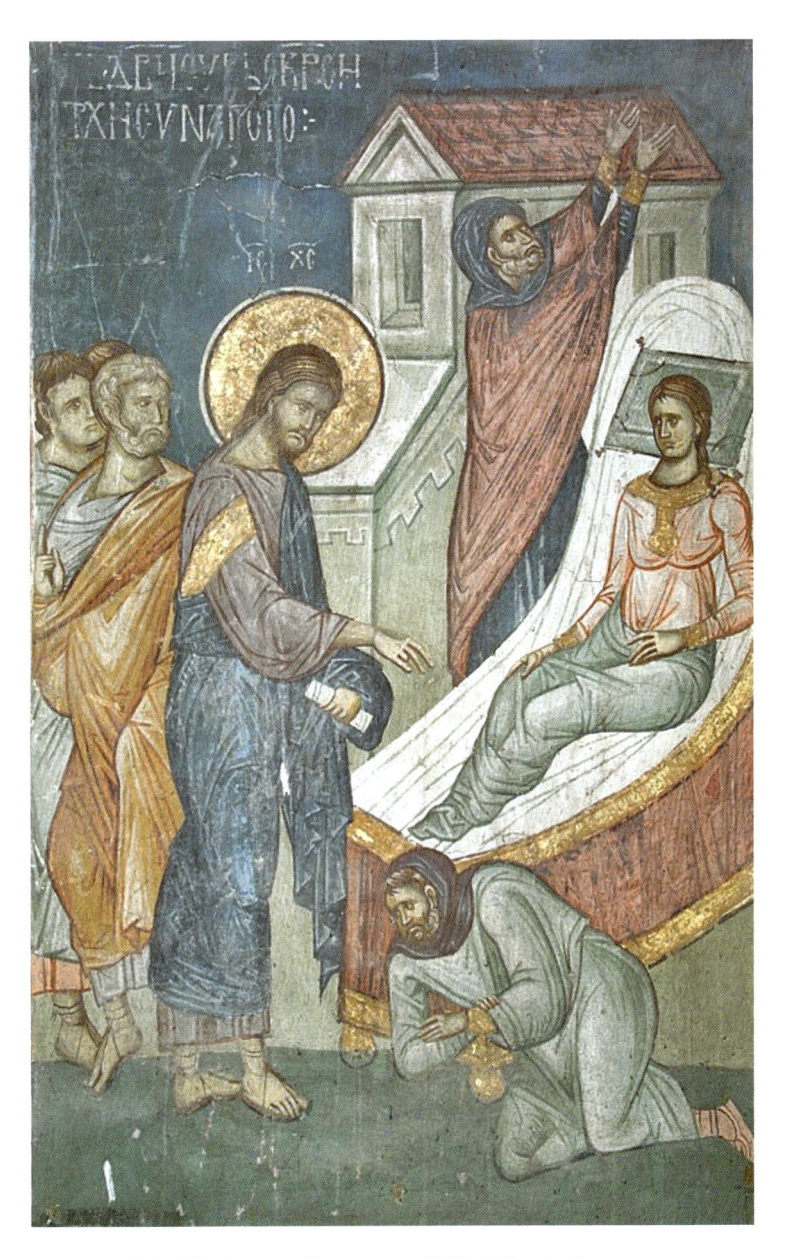

Guérison de la fille de Jaïre, fresque vers 1350, église du Pantocrator, monastère de Decāni, Kosovo-Serbie.

te le dis. ⁴² Aussitôt la jeune fille se leva, et se mit à marcher; car elle avait douze ans. Et ils furent dans un grand étonnement. ⁴³ Jésus leur adressa de fortes recommandations, pour que personne ne sût la chose; et il dit qu'on donnât à manger à la jeune fille.

Jésus n'est pas reconnu dans sa patrie

6¹ Jésus partit de là, et se rendit dans sa patrie. Ses disciples le suivirent. ² Quand le sabbat fut venu, il se mit à enseigner dans la synagogue. Beaucoup de gens qui l'entendirent étaient étonnés et disaient: D'où lui viennent ces choses? Quelle est cette sagesse qui lui a été donnée, et comment de tels miracles se font-ils par ses mains? ³ N'est-ce pas le charpentier, le fils de Marie, le frère de Jacques, de Joses, de Jude et de Simon? et ses sœurs ne sont-elles pas ici parmi nous? Et il était pour eux une occasion de chute. ⁴ Mais Jésus leur dit: Un prophète n'est méprisé que dans sa patrie, parmi ses parents, et dans sa maison. ⁵ Il ne put faire là aucun miracle, si ce n'est qu'il imposa les mains à quelques malades et les guérit. ⁶ Et il s'étonnait de leur incrédulité.

Envoi des Douze en mission

Jésus parcourait les villages d'alentour, en enseignant. ⁷ Alors il appela les douze, et il commença à les envoyer deux à deux, en leur donnant pouvoir sur les esprits impurs. ⁸ Il leur prescrivit de ne rien prendre pour le voyage, si ce n'est un bâton; de n'avoir ni pain, ni sac, ni monnaie dans la ceinture; ⁹ de chausser des sandales, et de ne pas revêtir deux tuniques. ¹⁰ Puis il leur dit: Dans quelque maison que vous entriez, restez-y jusqu'à ce que vous partiez de ce lieu. ¹¹ Et, s'il y a quelque part des gens qui ne vous reçoivent ni ne vous écoutent, retirez-vous de là, et secouez la poussière de vos pieds, afin que cela leur serve de té-

Le Christ Jésus enseigne dans la synagogue, fresque, vers 1320, église du monastère Saint Nicétas, Banjani (Gornjani), au nord de Skopje, Ex-république yougoslave de Macédoine.

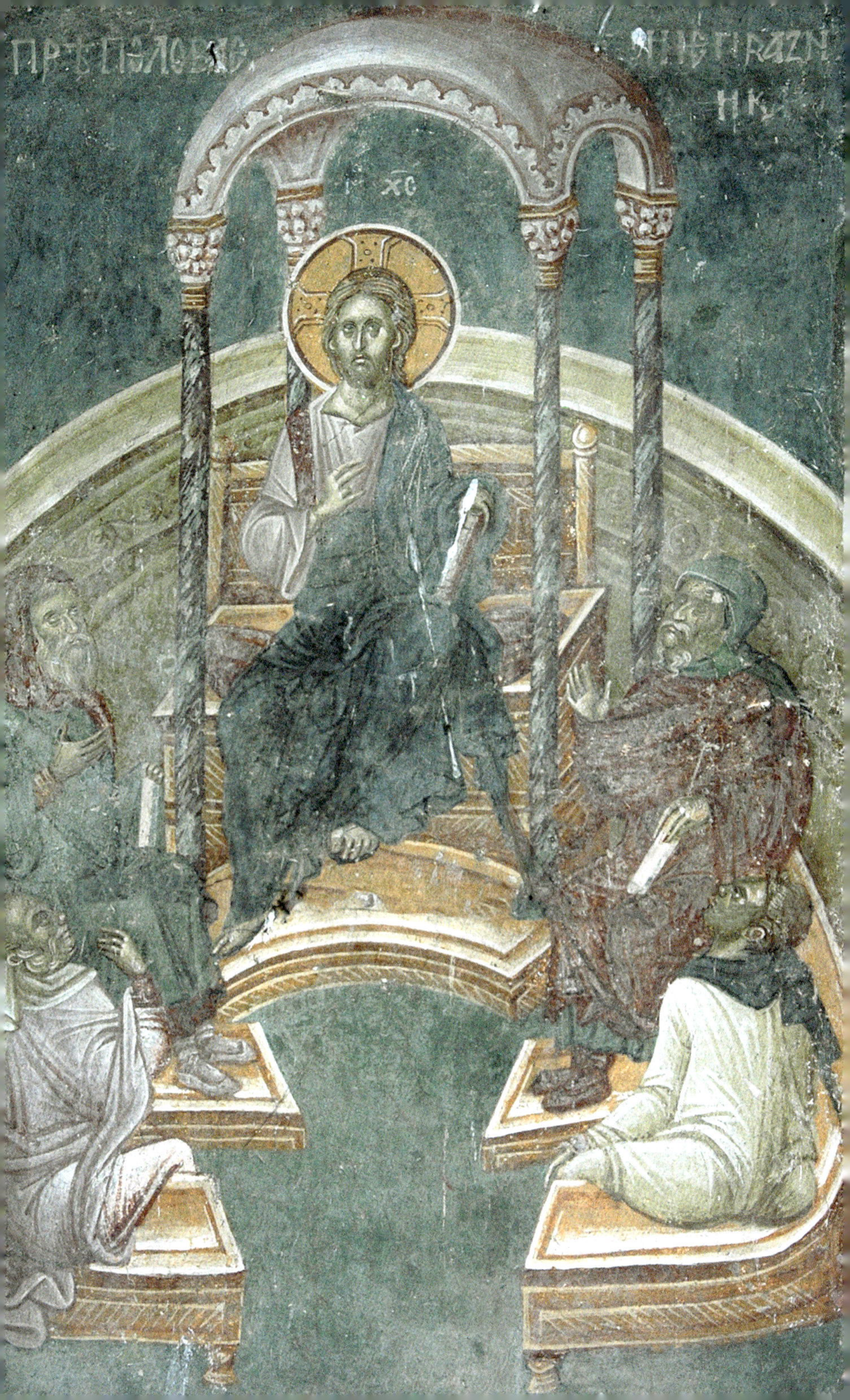

Envoi des Douze, fresque, XVIᵉ s., église du monastère de la Transfiguration, Driovouno, Macédoine, Grèce.

moignage. ¹² Ils partirent, et ils prêchèrent la repentance. ¹³ Ils chassaient beaucoup de démons, et ils oignaient d'huile beaucoup de malades et les guérissaient.

La décapitation de Jean-Baptiste

¹⁴ Le roi Hérode entendit parler de Jésus, dont le nom était devenu célèbre, et il dit: Jean Baptiste est ressuscité des morts, et c'est pour cela qu'il se fait par lui des miracles. ¹⁵ D'autres di-

saient: C'est Élie. Et d'autres disaient: C'est un prophète comme l'un des prophètes. ¹⁶ Mais Hérode, en apprenant cela, disait: Ce Jean que j'ai fait décapiter, c'est lui qui est ressuscité. ¹⁷ Car Hérode lui-même avait fait arrêter Jean, et l'avait fait lier en prison, à cause d'Hérodias, femme de Philippe, son frère, parce qu'il l'avait épousée, ¹⁸ et que Jean lui disait: Il ne t'est pas permis d'avoir la femme de ton frère. ¹⁹ Hérodias était irritée contre Jean, et voulait le faire mourir. (6:20) Mais elle ne le pouvait; ²⁰ car Hérode craignait Jean, le connaissant pour un homme juste et saint; il le protégeait, et, après l'avoir entendu, il était souvent perplexe, et l'écoutait avec plaisir. ²¹ Cependant, un jour propice arriva, lorsque Hérode, à l'anniversaire de sa naissance, donna un festin à ses grands, aux chefs militaires et aux principaux de la Galilée. ²² La fille d'Hérodias entra dans la salle; elle dansa, et plut à Hérode et à ses convives. Le roi dit à la jeune fille: Demande-moi ce

Décapitation de Jean-Baptiste, fresque, 1563, église Saint Nicolas, Krapsi, près de Ioannina, Grèce.

que tu voudras, et je te le donnerai. ²³ Il ajouta avec serment: Ce que tu me demanderas, je te le donnerai, fût-ce la moitié de mon royaume. ²⁴ Étant sortie, elle dit à sa mère: Que demanderai-je? Et sa mère répondit: La tête de Jean Baptiste. ²⁵ Elle s'empressa de rentrer aussitôt vers le roi, et lui fit cette demande: Je veux que tu me donnes à l'instant, sur un plat, la tête de Jean Baptiste. ²⁶ Le roi fut attristé; mais, à cause de ses serments et des convives, il ne voulut pas lui faire un refus. ²⁷ Il envoya sur-le-champ un garde, avec ordre d'apporter la tête de Jean Baptiste. (6:28) Le garde alla décapiter Jean dans la prison, ²⁸ et apporta la tête sur un plat. Il la donna à la jeune fille, et la jeune fille la donna à sa mère. ²⁹ Les disciples de Jean, ayant appris cela, vinrent prendre son corps, et le mirent dans un sépulcre.

Jésus nourrit cinq mille hommes

³⁰ Les apôtres, s'étant rassemblés auprès de Jésus, lui racontèrent tout ce qu'ils avaient fait et tout ce qu'ils avaient enseigné. ³¹ Jésus leur dit: Venez à l'écart dans un lieu désert, et reposez-vous un peu. Car il y avait beaucoup d'allants et de venants, et ils n'avaient même pas le temps de manger. ³² Ils partirent donc dans une barque, pour aller à l'écart dans un lieu désert. ³³ Beaucoup de gens les virent s'en aller et les reconnurent, et de toutes les villes on accourut à pied et on les devança au lieu où ils se rendaient. ³⁴ Quand il sortit de la barque, Jésus vit une grande foule, et fut ému de compassion pour eux, parce qu'ils étaient comme des brebis qui n'ont point de berger; et il se mit à leur enseigner beaucoup de choses. ³⁵ Comme l'heure était déjà avancée, ses disciples s'approchèrent de lui, et dirent: Ce lieu est désert, et l'heure est déjà avancée; ³⁶ renvoie-les, afin qu'ils aillent dans les campagnes et dans les villages des environs, pour s'acheter de quoi manger. ³⁷ Jésus leur répondit: Donnez-leur vous-mêmes à manger. Mais ils lui dirent: Irions-nous acheter des pains pour deux cents deniers, et leur donnerions-nous à manger? ³⁸ Et il leur dit: Combien avez-vous de pains? Allez voir. Ils s'en assurèrent, et répondirent: Cinq, et deux poissons. ³⁹ Alors il leur commanda

de les faire tous asseoir par groupes sur l'herbe verte, [40] et ils s'assirent par rangées de cent et de cinquante. [41] Il prit les cinq pains et les deux poissons et, levant les yeux vers le ciel, il rendit grâces. Puis, il rompit les pains, et les donna aux disciples, afin qu'ils les distribuassent à la foule. Il partagea aussi les deux poissons entre tous. [42] Tous mangèrent et furent rassasiés, [43] et l'on emporta douze paniers pleins de morceaux de pain et de ce qui restait des poissons. [44] Ceux qui avaient mangé les pains étaient cinq mille hommes.

Jésus marche sur la mer

[45] Aussitôt après, il obligea ses disciples à monter dans la barque et à passer avant lui de l'autre côté, vers Bethsaïda, pendant que lui-même renverrait la foule. [46] Quand il l'eut renvoyée, il s'en alla sur la montagne, pour prier. [47] Le soir étant venu, la barque était au milieu de la mer, et Jésus était seul à terre. [48] Il vit qu'ils avaient beaucoup de peine à ramer; car le vent leur était contraire. À la quatrième veille de la nuit environ, il alla vers eux, marchant sur la mer, et il voulait les dépasser. [49] Quand ils le virent marcher sur la mer, ils crurent que c'était un fantôme, et ils poussèrent des cris; [50] car ils le voyaient tous, et ils étaient troublés. Aussitôt Jésus leur parla, et leur dit: Rassurez-vous, c'est moi, n'ayez pas peur! [51] Puis il monta vers eux dans la barque, et le vent cessa. Ils furent en eux-mêmes tout stupéfaits et remplis d'étonnement; [52] car ils n'avaient pas compris le miracle des pains, parce que leur cœur était endurci.

Guérisons à Gennésareth

[53] Après avoir traversé la mer, ils vinrent dans le pays de Gennésareth, et ils abordèrent. [54] Quand ils furent sortis de la barque, les gens, ayant aussitôt reconnu Jésus, [55] parcoururent tous les environs, et l'on se mit à apporter les malades sur des lits, partout où l'on apprenait qu'il était. [56] En quelque lieu qu'il arrivât, dans les villages, dans les villes ou dans les campagnes, on mettait

Première multiplication des pains avec d'autres représentations, fresque, réfectoire du monastère du Saint Prophète Élie, Preveza, Grèce.

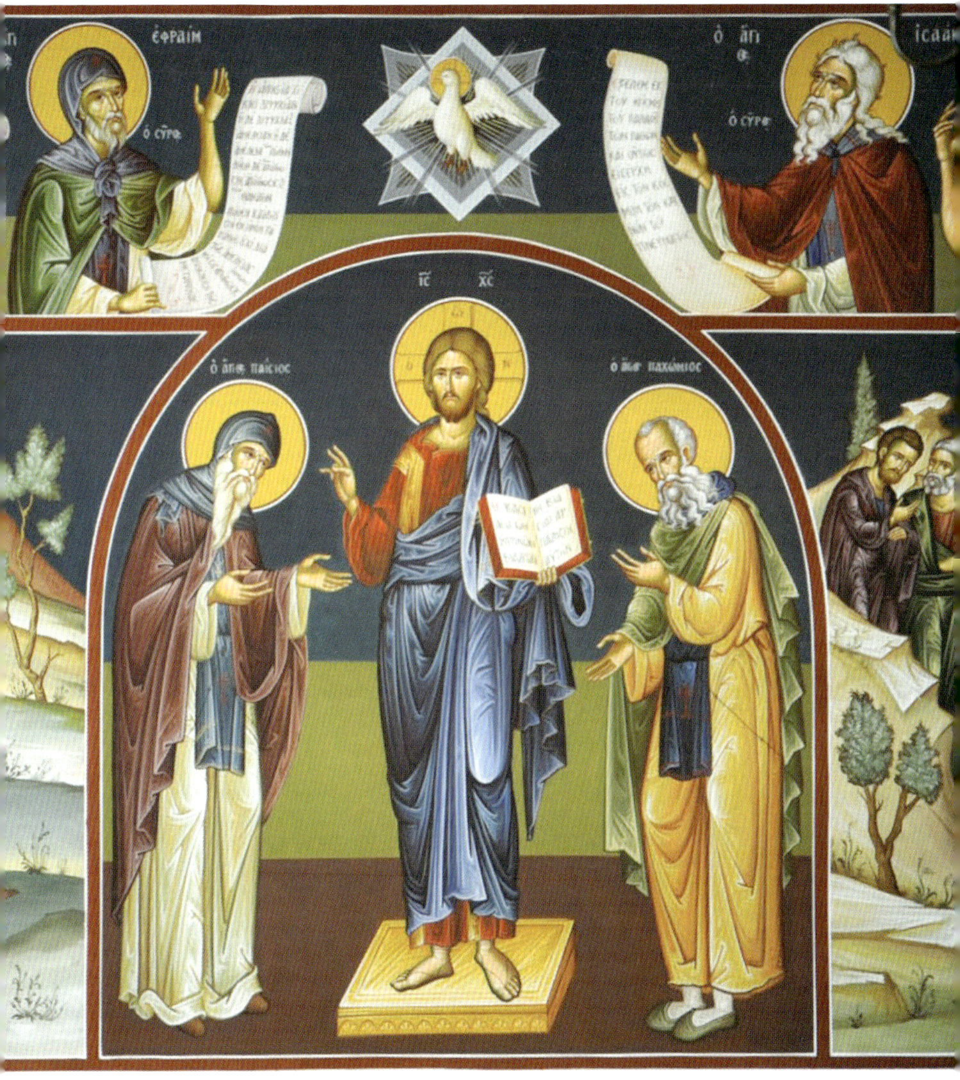
ΕΦΡΑΙΜ
ΙΣΑΑΚ
ΙC ΧC
ΠΑΙΣΙΟΣ
ΠΑΧΩΜΙΟΣ

les malades sur les places publiques, et on le priait de leur permettre seulement de toucher le bord de son vêtement. Et tous ceux qui le touchaient étaient guéris.

Traditions humaines et commandements divins

7 ¹ Les pharisiens et quelques scribes, venus de Jérusalem, s'assemblèrent auprès de Jésus. ² Ils virent quelques-uns de ses disciples prendre leurs repas avec des mains impures, c'est-à-dire, non lavées. ³ Or, les pharisiens et tous les Juifs ne mangent pas sans s'être lavé soigneusement les mains, conformément à la tradition des anciens; ⁴ et, quand ils reviennent de la place publique, ils ne mangent qu'après s'être purifiés. Ils ont encore beaucoup d'autres observances traditionnelles, comme le lavage des coupes, des cruches et des vases d'airain. ⁵ Et les pharisiens et les scribes lui demandèrent: Pourquoi tes disciples ne suivent-ils pas la tradition des anciens, mais prennent-ils leurs repas avec des mains impures? ⁶ Jésus leur répondit: Hypocrites, Isaïe a bien prophétisé sur vous, ainsi qu'il est écrit:

Ce peuple m'honore des lèvres, Mais son cœur est éloigné de moi. ⁷ *C'est en vain qu'ils m'honorent, en donnant des préceptes qui sont des commandements d'hommes.* ⁸

Vous abandonnez le commandement de Dieu, et vous observez la tradition des hommes. ⁹ Il leur dit encore: Vous anéantissez

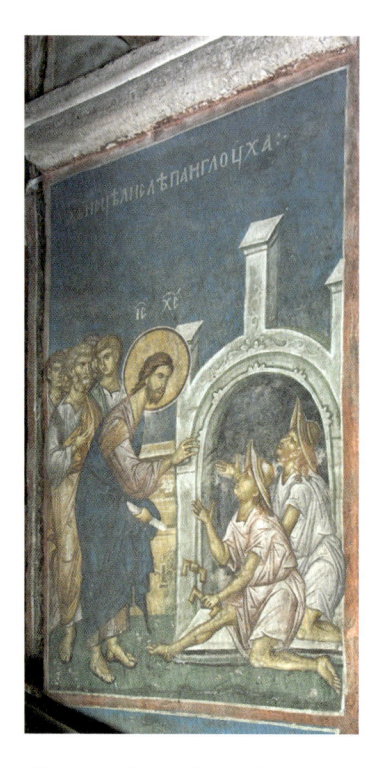

Jésus guérit tous les malades et estropiés qui viennent à lui, fresque, vers 1350, église du Pantocrator, monastère de Decăni, Kosovo-Serbie.

fort bien le commandement de Dieu, pour garder votre tradition. ¹⁰ Car Moïse a dit: *Honore ton père et ta mère; et: Celui qui maudira son père ou sa mère sera puni de mort.* ¹¹ Mais vous, vous dites: Si un homme dit à son père ou à sa mère: Ce dont j'aurais pu t'assister est *corban*, c'est-à-dire, une offrande à Dieu, ¹² vous ne le laissez plus rien faire pour son père ou pour sa mère, ¹³ annulant ainsi la parole de Dieu par votre tradition, que vous avez établie. Et vous faites beaucoup d'autres choses semblables.

Ce qui souille l'être humain

¹⁴ Ensuite, ayant de nouveau appelé la foule à lui, il lui dit: Écoutez-moi tous, et comprenez. ¹⁵ Il n'est hors de l'homme rien qui, entrant en lui, puisse le souiller; mais ce qui sort de l'homme, c'est ce qui le souille. ¹⁶ Si quelqu'un a des oreilles pour entendre, qu'il entende. ¹⁷ Lorsqu'il fut entré dans la maison, loin de la foule, ses disciples l'interrogèrent sur cette parabole. ¹⁸ Il

Ses disciples l'interrogent après avoir quitté la foule, fresque, vers 1320, détail, église du monastère Saint Nicétas, Banjani (Gornjani), au nord de Skopje, Ex-république yougoslave de Macédoine.

leur dit: Vous aussi, êtes-vous donc sans intelligence? Ne comprenez-vous pas que rien de ce qui du dehors entre dans l'homme ne peut le souiller? [19] Car cela n'entre pas dans son cœur, mais dans son ventre, puis s'en va dans les lieux secrets, qui purifient tous les aliments. [20] Il dit encore: Ce qui sort de l'homme, c'est ce qui souille l'homme. [21] Car c'est du dedans, c'est du cœur des hommes, que sortent les mauvaises pensées, les adultères, les impudicités, les meurtres, [22] les vols, les cupidités, les méchancetés, la fraude, le dérèglement, le regard envieux, la calomnie, l'orgueil, la folie. [23] Toutes ces choses mauvaises sortent du dedans, et souillent l'homme.

En pays non-juif : la foi d'une femme syrophénicienne

[24] Jésus, étant parti de là, s'en alla dans le territoire de Tyr et de Sidon. Il entra dans une maison, désirant que personne ne le sût; mais il ne put rester caché. [25] Car une femme, dont la fille était possédée d'un esprit impur, entendit parler de lui, et vint se jeter

Guérison de la fille d'une païenne, détail, fresque, XVIe s., église du monastère de la Transfiguration, Driovouno, Macédoine, Grèce.

à ses pieds. ²⁶ Cette femme était grecque, syro-phénicienne d'origine. Elle le pria de chasser le démon hors de sa fille. ²⁷ (7:26) Jésus lui dit: (7:27) Laisse d'abord les enfants se rassasier; car il n'est pas bien de prendre le pain des enfants, et de le jeter aux petits chiens. ²⁸ Oui, Seigneur, lui répondit-elle, mais les petits chiens, sous la table, mangent les miettes des enfants. ²⁹ Alors il lui dit: à cause de cette parole, va, le démon est sorti de ta fille. ³⁰ Et, quand elle rentra dans sa maison, elle trouva l'enfant couchée sur le lit, le démon étant sorti.

En pays non juif : guérison d'un sourd-muet

Guérison d'un sourd-bègue, fresque, 1557, monastère Saint Bissarion Dousikou, région des Météores, Grèce.

³¹ Jésus quitta le territoire de Tyr, et revint par Sidon vers la mer de Galilée, en traversant le pays de la Décapole. ³² On lui amena un sourd, qui avait de la difficulté à parler, et on le pria de lui imposer les mains. ³³ Il le prit à part loin de la foule, lui mit les doigts dans les oreilles, et lui toucha la langue avec sa propre salive; ³⁴ puis, levant les yeux au ciel, il soupira, et dit: *Éphphatha*, c'est-à-dire, ouvre-toi. ³⁵ Aussitôt ses oreilles s'ouvrirent, sa langue se délia, et il parla très bien. ³⁶ Jésus leur recommanda de n'en parler à personne; mais plus il le leur recommanda, plus ils le publièrent. ³⁷ Ils étaient dans le plus grand étonnement, et disaient: Il fait tout à merveille; même il fait entendre les sourds, et parler les muets.

Seconde multiplication des pains, fresque, XVIᵉ s., église du monastère de la Transfiguration, Driovouno, Macédoine, Grèce.

МРТΥΡΙΟ

En pays non juif : Jésus nourrit quatre mille personnes

8 ¹ En ces jours-là, une foule nombreuse s'étant de nouveau réunie et n'ayant pas de quoi manger, Jésus appela les disciples, et leur dit : ² Je suis ému de compassion pour cette foule; car voilà trois jours qu'ils sont près de moi, et ils n'ont rien à manger. ³ Si je les renvoie chez eux à jeun, les forces leur manqueront en chemin; car quelques-uns d'entre eux sont venus de loin. ⁴ Ses disciples lui répondirent: Comment pourrait-on les rassasier de pains, ici, dans un lieu désert? ⁵ Jésus leur demanda: Combien avez-vous de pains? Sept, répondirent-ils. ⁶ Alors il fit asseoir la foule par terre, prit les sept pains, et, après avoir rendu grâces, il les rompit, et les donna à ses disciples pour les distribuer; et ils les distribuèrent à la foule. ⁷ Ils avaient encore quelques petits poissons, et Jésus, ayant rendu grâces, les fit aussi distribuer. ⁸ Ils mangèrent et furent rassasiés, et l'on emporta sept corbeilles pleines des morceaux qui restaient. ⁹ Ils étaient environ quatre mille. Ensuite Jésus les renvoya. ¹⁰ Aussitôt il monta dans la barque avec ses disciples, et se rendit dans la contrée de Dalmanutha.

Les Pharisiens demandent un signe dans le ciel

¹¹ Les pharisiens survinrent, se mirent à discuter avec Jésus, et, pour l'éprouver, lui demandèrent un signe venant du ciel. ¹² Jésus, soupirant profondément en son esprit, dit: Pourquoi cette génération demande-t-elle un signe? Je vous le dis en vérité, il ne sera point donné de signe à cette génération. ¹³ Puis il les quitta, et remonta dans la barque, pour passer sur l'autre bord.

Les disciples peinent à comprendre

¹⁴ Les disciples avaient oublié de prendre des pains; ils n'en avaient qu'un seul avec eux dans la barque. ¹⁵ Jésus leur fit cette recommandation: Gardez-vous avec soin du levain des pharisiens et du levain d'Hérode. ¹⁶ Les disciples raisonnaient entre

eux, et disaient: C'est parce que nous n'avons pas de pains. 17 Jésus, l'ayant connu, leur dit: Pourquoi raisonnez-vous sur ce que vous n'avez pas de pains? Êtes-vous encore sans intelligence, et ne comprenez-vous pas? (8:18) Avez-vous le cœur endurci? 18 *Ayant des yeux, ne voyez-vous pas? Ayant des oreilles, n'entendez-vous pas?* Et n'avez-vous point de mémoire? 19 Quand j'ai rompu les cinq pains pour les cinq mille hommes, combien de paniers pleins de morceaux avez-vous emportés? Douze, lui répondirent-ils. 20 Et quand j'ai rompu les sept pains pour les quatre mille hommes, combien de corbeilles pleines de morceaux avez-vous emportées? Sept, répondirent-ils. 21 Et il leur dit: Ne comprenez-vous pas encore?

Guérison d'un aveugle, fresque récente, extérieur de l'église du monastère Petru Voda, Roumanie.

Guérison de l'aveugle de Bethsaïda

²² Ils se rendirent à Bethsaïda; et on amena vers Jésus un aveugle, qu'on le pria de toucher. ²³ Il prit l'aveugle par la main, et le conduisit hors du village; puis il lui mit de la salive sur les yeux, lui imposa les mains, et lui demanda s'il voyait quelque chose. ²⁴ Il regarda, et dit: J'aperçois les hommes, mais j'en vois comme des arbres, et qui marchent. ²⁵ Jésus lui mit de nouveau les mains sur les yeux; et, quand l'aveugle regarda fixement, il fut guéri, et vit tout distinctement. ²⁶ Alors Jésus le renvoya dans sa maison, en disant: N'entre pas au village.

Profession de foi de Pierre

²⁷ Jésus s'en alla, avec ses disciples, dans les villages de Césarée de Philippe, et il leur posa en chemin cette question: Qui dit-on que je suis? ²⁸ Ils répondirent: Jean Baptiste; les autres, Élie, les autres, l'un des prophètes. ²⁹ Et vous, leur demanda-t-il, qui dites-vous que je suis? Pierre lui répondit: Tu es le Christ. ³⁰ Jésus leur recommanda sévèrement de ne dire cela de lui à personne.

Jésus annonce sa mort et sa Résurrection

³¹ Alors il commença à leur apprendre qu'il fallait que le Fils de l'homme souffrît beaucoup, qu'il fût rejeté par les anciens, par les grands prêtres et par les scribes, qu'il fût mis à mort, et qu'il ressuscitât trois jours après. ³² Il leur disait ces choses ouvertement. Et Pierre, l'ayant pris à part, se mit à le reprendre. ³³ Mais Jésus, se retournant et regardant ses disciples, réprimanda Pierre, et dit: Arrière de moi, Satan! car tu ne conçois pas les choses de Dieu, tu n'as que des pensées humaines.

Comment suivre Jésus

³⁴ Puis, ayant appelé la foule avec ses disciples, il leur dit: Si quelqu'un veut venir après moi, qu'il renonce à lui-même, qu'il

L'apôtre Pierre, détail de la porte de l'iconostase peinte par Michel Damaskinos, seconde moitié XVIe s., Musée de Zakintos, Grèce.

se charge de sa croix, et qu'il me suive. ³⁵ Car celui qui voudra sauver sa vie la perdra, mais celui qui perdra sa vie à cause de moi et de la bonne nouvelle la sauvera. ³⁶ Et que sert-il à un homme de gagner tout le monde, s'il perd son âme? ³⁷ Que donnerait un homme en échange de son âme? ³⁸ Car quiconque aura honte de moi et de mes paroles au milieu de cette génération adultère et pécheresse, le Fils de l'homme aura aussi honte de lui, quand il viendra dans la gloire de son Père, avec les saints anges.

9¹ Il leur dit encore: Je vous le dis en vérité, quelques-uns de ceux qui sont ici ne mourront point, qu'ils n'aient vu le royaume de Dieu venir avec puissance.

« Si quelqu'un veut venir après moi, qu'il renonce à lui-même, qu'il prenne sa croix, et qu'il me suive », détail d'une fresque récente, église du monastère du Saint Prophète Élie, Preveza, Grèce.

La Transfiguration

² Six jours après, Jésus prit avec lui Pierre, Jacques et Jean, et il les conduisit seuls à l'écart sur une haute montagne. Il fut transfiguré devant eux; ³ ses vêtements devinrent resplendissants, et d'une telle blancheur qu'il n'est pas de foulon sur la terre qui puisse blanchir ainsi. ⁴ Élie et Moïse leur apparurent, s'entretenant avec Jésus. ⁵ Pierre, prenant la parole, dit à Jésus: Rabbi, il est bon que nous soyons ici; dressons trois tentes, une pour toi, une pour Moïse, et une pour Élie. ⁶ Car il ne savait que dire, l'effroi les ayant saisis. ⁷ Une nuée vint les couvrir, et de la nuée sortit une voix: Celui-ci est mon Fils bien-aimé: écoutez-le! ⁸ Aussitôt les disciples regardèrent tout autour, et ils ne virent que Jésus seul avec eux.

Transfiguration du Christ, icône, milieu XVe s., église du Protaton, Kariès, Mont Athos.

Η ΜΕΤΑΜΟΡΦΩΣΙΣ

Saint Prophète Élie, fresque, 1295, détail de la Transfiguration, église Saint Clément, Ohrid, Ex-république yougoslave de Macédoine.

⁹ Comme ils descendaient de la montagne, Jésus leur recommanda de ne dire à personne ce qu'ils avaient vu, jusqu'à ce que le Fils de l'homme fût ressuscité des morts. ¹⁰ Ils retinrent cette parole, se demandant entre eux ce que c'est que ressusciter des morts. ¹¹ Les disciples lui firent cette question: Pourquoi les scribes disent-ils qu'il faut qu'Élie vienne premièrement? ¹² Il leur répondit: Élie viendra premièrement, et rétablira toutes choses. Et pourquoi est-il écrit du Fils de l'homme qu'il doit souffrir beaucoup et être méprisé? ¹³ Mais je vous dis qu'Élie est venu, et qu'ils l'ont traité comme ils ont voulu, selon qu'il est écrit de lui.

Guérison d'un enfant possédé

¹⁴ Lorsqu'ils furent arrivés près des disciples, ils virent autour d'eux une grande foule, et des scribes qui discutaient avec eux. ¹⁵ Dès que la foule vit Jésus, elle fut surprise, et accourut pour le saluer. ¹⁶ Il leur demanda: Sur quoi discutez-vous avec eux? ¹⁷ Et un homme de la foule lui répondit: Maître, j'ai amené auprès de toi mon fils, qui est possédé d'un esprit muet. ¹⁸ En quelque lieu qu'il le saisisse, il le jette par terre; l'enfant écume, grince des dents, et devient tout raide. J'ai prié tes disciples de chasser l'esprit, et ils n'ont pas pu. ¹⁹ Race incrédule, leur dit Jésus, jusques à quand serai-je avec vous? jusques à quand vous supporterai-je? Amenez-le-moi. ²⁰ (9:19) On le lui amena. (9:20) Et aussitôt que

l'enfant vit Jésus, l'esprit l'agita avec violence; il tomba par terre, et se roulait en écumant. ²¹ Jésus demanda au père: Combien y a-t-il de temps que cela lui arrive? Depuis son enfance, répondit-il. ²² Et souvent l'esprit l'a jeté dans le feu et dans l'eau pour le faire périr. Mais, si tu peux quelque chose, viens à notre secours, aie compassion de nous. ²³ Jésus lui dit: Si tu peux!... Tout est possible à celui qui croit. ²⁴ Aussitôt le père de l'enfant s'écria: Je crois! viens au secours de mon incrédulité! ²⁵ Jésus, voyant accourir la foule, menaça l'esprit impur, et lui dit: Esprit muet et sourd, je te l'ordonne, sors de cet enfant, et n'y rentre plus. ²⁶ Et il sortit, en poussant des cris, et en l'agitant avec une grande violence. L'enfant devint comme mort, de sorte que plusieurs disaient qu'il était mort. ²⁷ Mais Jésus, l'ayant pris par la main, le fit lever. Et il se tint debout. ²⁸ Quand Jésus fut entré dans la maison, ses disciples lui demandèrent en particulier: Pourquoi n'avons-nous pu chasser cet esprit? ²⁹ Il leur dit: Cette espèce-là ne peut sortir que par la prière.

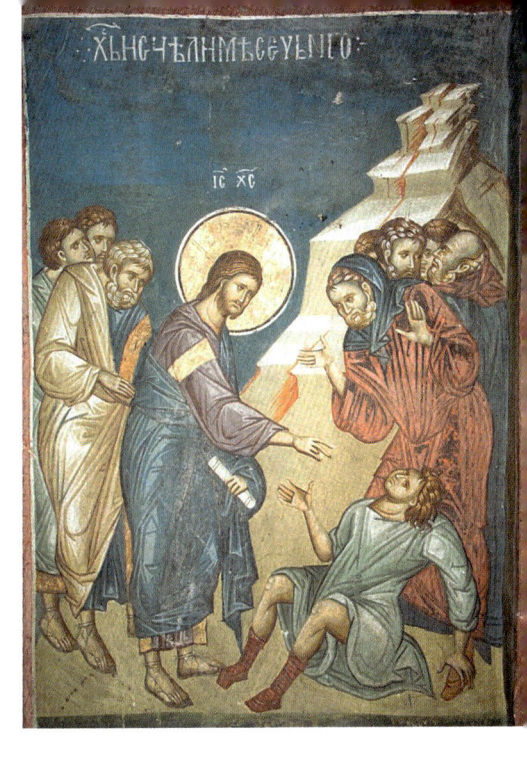

Guérison d'un épileptique, fresque, vers 1350, église du Pantocrator, monastère de Decăni, Kosovo-Serbie.

Deuxième annonce de sa Passion et de sa Résurrection

³⁰ Ils partirent de là, et traversèrent la Galilée. Jésus ne voulait pas qu'on le sût. ³¹ Car il enseignait ses disciples, et il leur dit: Le Fils de l'homme sera livré entre les mains des hommes; ils le feront mourir, et, trois jours après qu'il aura été mis à mort, il ressuscitera. ³² Mais les disciples ne comprenaient pas cette parole, et ils craignaient de l'interroger.

Qui est le plus grand ?

³³ Ils arrivèrent à Capharnaüm. Lorsqu'il fut dans la maison, Jésus leur demanda: De quoi discutiez-vous en chemin? ³⁴ Mais ils gardèrent le silence, car en chemin ils avaient discuté entre eux pour savoir qui était le plus grand. ³⁵ Alors il s'assit, appela les douze, et leur dit: Si quelqu'un veut être le premier, il sera le dernier de tous et le serviteur de tous. ³⁶ Et il prit un petit enfant, le plaça au milieu d'eux, et l'ayant pris dans ses bras, il leur dit: ³⁷ Quiconque reçoit en mon nom un de ces petits enfants me reçoit moi-même; et quiconque me reçoit, reçoit non pas moi, mais celui qui m'a envoyé.

Le Christ enseigne et derrière lui les Apôtres, fresque, 1356, église de la Dormition, monastère Matejche, région de Kumanovo, Ex-république yougoslave de Macédoine.

Qui n'est pas contre nous est pour nous

⁳⁸ Jean lui dit: Maître, nous avons vu un homme qui chasse des démons en ton nom; et nous l'en avons empêché, parce qu'il ne nous suit pas. ³⁹ Ne l'en empêchez pas, répondit Jésus, car il n'est personne qui, faisant un miracle en mon nom, puisse aussitôt après parler mal de moi. ⁴⁰ Qui n'est pas contre nous est pour nous. ⁴¹ Et quiconque vous donnera à boire un verre d'eau en mon nom, parce que vous appartenez à Christ, je vous le dis en vérité, il ne perdra point sa récompense.

« Quiconque accueille un de ces petits enfants à cause de mon Nom », fresque, vers 1350, église du Pantocrator, monastère de Dečani, Kosovo-Serbie.

Le scandale

⁴² Mais, si quelqu'un scandalisait un de ces petits qui croient, il vaudrait mieux pour lui qu'on lui mît au cou une grosse meule de moulin, et qu'on le jetât dans la mer. ⁴³ Si ta main est pour toi une occasion de chute, coupe-la; mieux vaut pour toi entrer manchot dans la vie, ⁴⁴ que d'avoir les deux mains et d'aller dans la géhenne, dans le feu qui ne s'éteint point. ⁴⁵ Si ton pied est pour toi une occasion de chute, coupe-le; mieux vaut pour toi entrer boiteux dans la vie, ⁴⁶ que d'avoir les deux pieds et d'être jeté dans la géhenne, dans le feu qui ne s'éteint point. ⁴⁷ Et si ton œil est pour toi une occasion de chute, arrache-le; mieux vaut pour toi entrer dans le royaume de Dieu n'ayant qu'un œil, que d'avoir deux yeux et d'être jeté dans la géhenne, ⁴⁸ où *leur ver ne meurt point, et où le feu ne s'éteint point*. ⁴⁹ Car tout homme sera salé de feu. ⁵⁰ Le sel est une bonne chose; mais si le sel devient sans saveur, avec quoi l'assaisonnerez-vous? (9:51) Ayez du sel en vous-mêmes, et soyez en paix les uns avec les autres.

Mariage et divorce

10¹ Jésus, étant parti de là, se rendit dans le territoire de la Judée au delà du Jourdain. La foule s'assembla de nouveau près de lui, et selon sa coutume, il se mit encore à l'enseigner. ² Les pharisiens l'abordèrent; et, pour l'éprouver, ils lui demandèrent s'il est permis à un homme de répudier sa femme. ³ Il leur répondit: Que vous a prescrit Moïse? ⁴ Moïse, dirent-ils, a permis d'écrire une lettre de divorce et de répudier. ⁵ Et Jésus leur dit: C'est à cause de la dureté de votre cœur que Moïse vous a donné ce précepte. ⁶ Mais au commencement de la création, *Dieu fit l'homme et la femme;* ⁷ *c'est pourquoi l'homme quittera son père et sa mère, et s'attachera à sa femme,* ⁸ *et les deux deviendront une seule chair. Ainsi ils ne sont plus deux, mais ils sont une seule chair*. ⁹ Que l'homme donc ne sépare pas ce que Dieu a joint. ¹⁰ Lorsqu'ils furent dans la maison, les disciples l'interrogèrent encore là-dessus. ¹¹ Il leur dit: Celui qui répudie sa femme et qui en épouse une autre, commet un adultère à son égard; ¹² et si une femme quitte son mari et en épouse un autre, elle commet un adultère.

Jésus bénit les enfants

¹³ On lui amena des petits enfants, afin qu'il les touchât. Mais les disciples reprirent ceux qui les amenaient. ¹⁴ Jésus, voyant cela, fut indigné, et leur dit: Laissez venir à moi les petits enfants, et ne les en empêchez pas; car le royaume de Dieu est pour ceux qui leur ressemblent. ¹⁵ Je vous le dis en vérité, quiconque ne recevra pas le royaume de Dieu comme un petit enfant n'y entrera point. ¹⁶ Puis il les prit dans ses bras, et les bénit, en leur imposant les mains.

Jésus et les enfants, fresque, XVIe s., église du monastère de la Transfiguration, Driovouno, Macédoine, Grèce.

La question d'un riche

¹⁷ Comme Jésus se mettait en chemin, un homme accourut, et se jetant à genoux devant lui: Bon maître, lui demanda-t-il, que dois-je faire pour hériter la vie éternelle? ¹⁸ Jésus lui dit: Pourquoi m'appelles-tu bon? Il n'y a de bon que Dieu seul. ¹⁹ Tu connais les commandements: *Tu ne commettras point d'adultère; tu ne tueras point; tu ne déroberas point; tu ne diras point de faux témoignage; tu ne feras tort à personne; honore ton père et ta mère.* ²⁰ Il lui répondit: Maître, j'ai observé toutes ces choses dès ma jeunesse. ²¹ Jésus, l'ayant regardé, l'aima, et lui dit: Il te manque une chose; va, vends tout ce que tu as, donne-le aux pauvres, et tu auras un trésor dans le ciel. Puis viens, et suis-moi. ²² Mais, affligé de cette parole, cet homme s'en alla tout triste; car il avait de grands biens.

Le danger des richesses

²³ Jésus, regardant autour de lui, dit à ses disciples: Qu'il sera difficile à ceux qui ont des richesses d'entrer dans le royaume de Dieu! ²⁴ Les disciples furent étonnés de ce que Jésus parlait ainsi. Et, reprenant, il leur dit: Mes enfants, qu'il est difficile à ceux qui se confient dans les richesses d'entrer dans le royaume de Dieu! ²⁵ Il est plus facile à un chameau de passer par le trou d'une aiguille qu'à un riche d'entrer dans le royaume de Dieu. ²⁶ Les disciples furent encore plus étonnés, et ils se dirent les uns aux autres; Et qui peut être sauvé? ²⁷ Jésus les regarda, et dit: Cela est impossible aux hommes, mais non à Dieu: car tout est possible à Dieu.

Récompense promise au détachement

²⁸ Pierre se mit à lui dire; Voici, nous avons tout quitté, et nous t'avons suivi. ²⁹ Jésus répondit: Je vous le dis en vérité, il n'est personne qui, ayant quitté, à cause de moi et à cause de la bonne

Le Christ Sauveur, icône, vers 1348, église de la Mère de Dieu, Kuceviste, Ex-république yougoslave de Macédoine.

nouvelle, sa maison, ou ses frères, ou ses sœurs, ou sa mère, ou son père, ou ses enfants, ou ses terres, [30] ne reçoive au centuple, présentement dans ce siècle-ci, des maisons, des frères, des sœurs, des mères, des enfants, et des terres, avec des persécutions, et, dans le siècle à venir, la vie éternelle. [31] Plusieurs des premiers seront les derniers, et plusieurs des derniers seront les premiers.

Jésus annonce pour la troisième fois sa Passion et sa Résurrection

[32] Ils étaient en chemin pour monter à Jérusalem, et Jésus allait devant eux. Les disciples étaient troublés, et le suivaient avec

crainte. Et Jésus prit de nouveau les douze auprès de lui, et commença à leur dire ce qui devait lui arriver: ³³ Voici, nous montons à Jérusalem, et le Fils de l'homme sera livré aux grands prêtres et aux scribes. Ils le condamneront à mort, et ils le livreront aux païens, ³⁴ qui se moqueront de lui, cracheront sur lui, le battront de verges, et le feront mourir; et, trois jours après, il ressuscitera.

La demande de Jacques et de Jean

³⁵ Les fils de Zébédée, Jacques et Jean, s'approchèrent de Jésus, et lui dirent: Maître, nous voudrions que tu fasses pour nous ce que nous te demanderons. ³⁶ Il leur dit: Que voulez-vous que je fasse pour vous? ³⁷ Accorde-nous, lui dirent-ils, d'être assis l'un à ta droite et l'autre à ta gauche, quand tu seras dans ta gloire. ³⁸ Jésus leur répondit : Vous ne savez ce que vous demandez. Pouvez-vous boire la coupe que je dois boire, ou être baptisés du baptême dont je dois être baptisé? ³⁹ (10:38) Nous le pouvons, dirent-ils. (10:39) Et Jésus leur répondit: Il est vrai que vous boirez la coupe que je dois boire, et que vous serez baptisés du baptême dont je dois être baptisé; ⁴⁰ mais pour ce qui est d'être assis à ma droite ou à ma gauche, cela ne dépend pas de moi, et ne sera donné qu'à ceux à qui cela est réservé. ⁴¹ Les dix, ayant entendu cela, commencèrent à s'indigner contre Jacques et Jean. ⁴² Jésus les appela, et leur dit: Vous savez que ceux qu'on regarde comme les chefs des nations les tyrannisent, et que les grands les dominent. ⁴³ Il n'en est pas de même au milieu de vous. Mais quiconque veut être grand parmi vous, qu'il soit votre serviteur; ⁴⁴ et quiconque veut être le premier parmi vous, qu'il soit l'esclave de tous. ⁴⁵ Car le Fils de l'homme est venu, non pour être servi, mais pour servir et donner sa vie comme la rançon de plusieurs.

Guérison de l'aveugle Bartimée

⁴⁶ Ils arrivèrent à Jéricho. Et, lorsque Jésus en sortit, avec ses disciples et une assez grande foule, le fils de Timée, Bartimée,

Les Apôtres protestent contre la demande de la mère de Jacques et Jean, fresque, 1327-18, église Saint Georges Nagoričane, Ex-république yougoslave de Macédoine.

mendiant aveugle, était assis au bord du chemin. ⁴⁷ Il entendit que c'était Jésus de Nazareth, et il se mit à crier; Fils de David, Jésus aie pitié de moi! ⁴⁸ Plusieurs le reprenaient, pour le faire taire; mais il criait beaucoup plus fort; Fils de David, aie pitié de moi! ⁴⁹ Jésus s'arrêta, et dit: Appelez-le. Ils appelèrent l'aveugle, en lui disant: Prends courage, lève-toi, il t'appelle. ⁵⁰ L'aveugle jeta son manteau, et, se levant d'un bond, vint vers Jésus. ⁵¹ Jésus, prenant la parole, lui dit: Que veux-tu que je te fasse? Rabbouni,

Guérison d'un mendiant aveugle, fresque, XVIᵉ s., église du monastère de la Transfiguration, Driovouno, Macédoine, Grèce.

lui répondit l'aveugle, que je recouvre la vue. ⁵² Et Jésus lui dit: Va, ta foi t'a sauvé. ⁵³ Aussitôt il recouvra la vue, et suivit Jésus dans le chemin.

L'entrée de Jésus à Jérusalem

11 ¹ Lorsqu'ils approchèrent de Jérusalem, et qu'ils furent près de Bethphagé et de Béthanie, vers la montagne des oliviers, Jésus envoya deux de ses disciples, ² en leur disant: Al-

Entrée à Jérusalem, icône, 1611, église du Protaton, Kariès, Mont Athos.

Expulsion des marchands du Temple, fresque, 1568, église de la Transfiguration, Klimatia, Épire, Grèce.

lez au village qui est devant vous; dès que vous y serez entrés, vous trouverez un ânon attaché, sur lequel aucun homme ne s'est encore assis; détachez-le, et amenez-le. ³ Si quelqu'un vous dit: Pourquoi faites-vous cela? répondez: Le Seigneur en a besoin. Et à l'instant il le laissera venir ici. ⁴ les disciples, étant allés, trouvèrent l'ânon attaché dehors près d'une porte, au contour du chemin, et ils le détachèrent. ⁵ Quelques-uns de ceux qui étaient là leur dirent: Que faites-vous? pourquoi détachez-vous cet ânon? ⁶ Ils répondirent comme Jésus l'avait dit. Et on les laissa aller. ⁷ Ils amenèrent à Jésus l'ânon, sur lequel ils jetèrent leurs vêtements, et Jésus s'assit dessus. ⁸ Beaucoup de gens étendirent leurs vêtements sur le chemin, et d'autres des branches qu'ils coupèrent dans les champs. ⁹ Ceux qui précédaient et ceux qui suivaient

Expulsion des marchands du Temple fresque, XIVe s., église Saint Dimitris, monastère Saint Marc, Sušica, au sud de Skopje, Ex-république yougoslave de Macédoine.

Jésus criaient: *Hosanna! Béni soit celui qui vient au nom du Seigneur*! [10] Béni soit le règne qui vient, le règne de David, notre père! Hosanna dans les lieux très hauts! [11] Jésus entra à Jérusalem, dans le temple. Quand il eut tout considéré, comme il était déjà tard, il s'en alla à Béthanie avec les douze.

Le figuier stérile

[12] Le lendemain, après qu'ils furent sortis de Béthanie, Jésus eut faim. [13] Apercevant de loin un figuier qui avait des feuilles, il alla voir s'il y trouverait quelque chose; et, s'en étant approché, il ne trouva que des feuilles, car ce n'était pas la saison des figues. [14] Prenant alors la parole, il lui dit: Que jamais personne ne mange de ton fruit! Et ses disciples l'entendirent.

Les vendeurs chassés du temple

[15] Ils arrivèrent à Jérusalem, et Jésus entra dans le temple. Il se mit à chasser ceux qui vendaient et qui achetaient dans le temple; il renversa les tables des changeurs, et les sièges des vendeurs de pigeons; [16] et il ne laissait personne transporter aucun objet à travers le temple. [17] Et il enseignait et disait: N'est-il pas écrit: *Ma maison sera appelée une maison de prière pour toutes les nations*? Mais vous, vous en avez fait *une caverne de voleurs*. [18] Les grands prêtres et les scribes, l'ayant entendu, cherchèrent les moyens de le faire périr; car ils le craignaient, parce que toute la foule était frappée de sa doctrine. [19] Quand le soir fut venu, Jésus sortit de la ville.

À propos du figuier : la puissance de la foi

[20] Le matin, en passant, les disciples virent le figuier séché jusqu'aux racines. [21] Pierre, se rappelant ce qui s'était passé, dit à Jésus: Rabbi, regarde, le figuier que tu as maudit a séché. [22] Jésus prit la parole, et leur dit: Ayez foi en Dieu. [23] Je vous le dis en vérité, si quelqu'un dit à cette montagne: Ote-toi de là et jette-toi dans la mer, et s'il ne doute point en son cœur, mais croit que ce qu'il dit arrive, il le verra s'accomplir. [24] C'est pourquoi je vous dis: Tout ce que vous demanderez en priant, croyez que vous l'avez reçu, et vous le verrez s'accomplir. [25] Et, lorsque vous êtes debout faisant votre prière, si vous avez quelque chose contre quelqu'un, pardonnez, afin que votre Père qui est dans les cieux

Le figuier desséché, fresque, XVIᵉ s., église du monastère de la Transfiguration, Driovouno, Macédoine, Grèce.

vous pardonne aussi vos offenses. ²⁶ Mais si vous ne pardonnez pas, votre Père qui est dans les cieux ne vous pardonnera pas non plus vos offenses.

L'autorité de Jésus en question

²⁷ Ils se rendirent de nouveau à Jérusalem, et, pendant que Jésus se promenait dans le temple, les grands prêtres, les scribes

et les anciens, vinrent à lui, ²⁸ et lui dirent: Par quelle autorité fais-tu ces choses, et qui t'a donné l'autorité de les faire? ²⁹ Jésus leur répondit: Je vous adresserai aussi une question; répondez-moi, et je vous dirai par quelle autorité je fais ces choses. ³⁰ Le baptême de Jean venait-il du ciel, ou des hommes? Répondez-moi. ³¹ Mais ils raisonnèrent ainsi entre eux: Si nous répondons: Du ciel, il dira: Pourquoi donc n'avez-vous pas cru en lui? ³² Et si nous répondons: Des hommes... Ils craignaient le peuple, car tous tenaient réellement Jean pour un prophète. ³³ Alors ils répondirent à Jésus: Nous ne savons. Et Jésus leur dit: Moi non plus, je ne vous dirai pas par quelle autorité je fais ces choses.

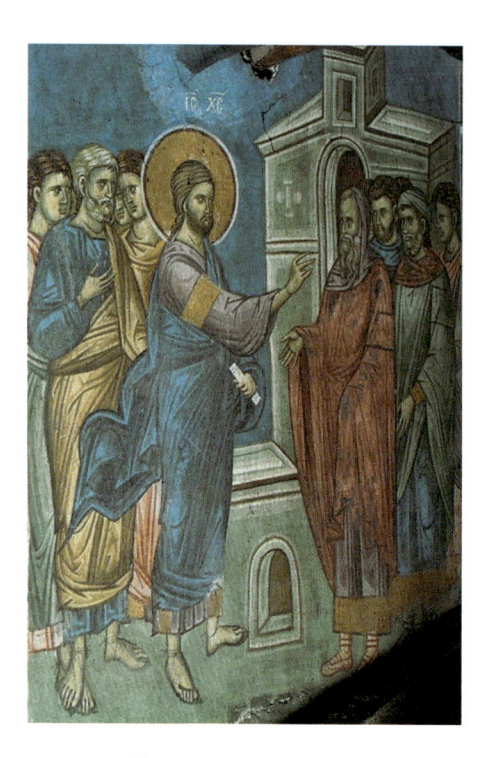

« Par quelle autorité fais-tu cela ? », demandent les Juifs à Jésus, fresque, vers 1350, église du Pantocrator, monastère de Decăni, Kosovo-Serbie.

Paraboles des vignerons homicides

12 ¹ Jésus se mit ensuite à leur parler en paraboles. Un homme planta une vigne. Il l'entoura d'une haie, creusa un pressoir, et bâtit une tour; puis il la loua à des vignerons, et quitta le pays. ² Au temps de la récolte, il envoya un serviteur vers les vignerons, pour recevoir d'eux une part du produit de la vigne.

« *Que fera le maître de la vigne ?* »

³ S'étant saisis de lui, ils le battirent, et le renvoyèrent les mains vides. ⁴ Il envoya de nouveau vers eux un autre serviteur; ils le frappèrent à la tête, et l'outragèrent. ⁵ Il en envoya un troisième, qu'ils tuèrent; puis plusieurs autres, qu'ils battirent ou tuèrent. ⁶ Il avait encore un fils bien-aimé; il l'envoya vers eux le dernier, en disant: Ils auront du respect pour mon fils. ⁷ Mais ces vignerons dirent entre eux: Voici l'héritier; venez, tuons-le, et l'héritage sera à nous. ⁸ Et ils se saisirent de lui, le tuèrent, et le jetèrent hors de la vigne. ⁹ Maintenant, que fera le maître de la vigne? Il viendra, fera périr les vignerons, et il donnera la vigne à d'autres. ¹⁰ N'avez-vous pas lu cette parole de l'Écriture:

La pierre qu'ont rejetée ceux qui bâtissaient Est devenue la principale de l'angle; ¹¹ *C'est par la volonté du Seigneur qu'elle l'est devenue, Et c'est un prodige à nos yeux?*

¹² Ils cherchaient à se saisir de lui, mais ils craignaient la foule. Ils avaient compris que c'était pour eux que Jésus avait dit cette parabole. Et ils le quittèrent, et s'en allèrent.

L'impôt dû à César

¹³ Ils envoyèrent auprès de Jésus quelques-uns des pharisiens et des hérodiens, afin de le surprendre par ses propres paroles.

Des pharisiens et des hérodiens provocateurs, fresque, vers 1350, église du Pantocrator, monastère de Decăni, Kosovo-Serbie.

¹⁴ Et ils vinrent lui dire: Maître, nous savons que tu es vrai, et que tu ne t'inquiètes de personne; car tu ne regardes pas à l'apparence des hommes, et tu enseignes la voie de Dieu selon la vérité. Est-il permis, ou non, de payer le tribut à César? ¹⁵ (12:14) Devons-nous payer, ou ne pas payer? (12:15) Jésus, connaissant leur hypocrisie, leur répondit: Pourquoi me tentez-vous? Appor-

tez-moi un denier, afin que je le voie. ¹⁶ Ils en apportèrent un; et Jésus leur demanda: De qui sont cette effigie et cette inscription? De César, lui répondirent-ils. ¹⁷ Alors il leur dit: Rendez à César ce qui est à César, et à Dieu ce qui est à Dieu. Et ils furent à son égard dans l'étonnement.

Une question sur la résurrection

¹⁸ Les sadducéens, qui disent qu'il n'y a point de résurrection, vinrent auprès de Jésus, et lui firent cette question: ¹⁹ Maître, voici ce que Moïse nous a prescrit: Si le frère de quelqu'un meurt, et laisse une femme, sans avoir d'enfants, son frère épousera sa veuve, et suscitera une postérité à son frère. ²⁰ Or, il y avait sept frères. Le premier se maria, et mourut sans laisser de postérité. ²¹ Le second prit la veuve pour femme, et mourut sans laisser de postérité. Il en fut de même du troisième, ²² et aucun des sept ne laissa de postérité. Après eux tous, la femme mourut aussi. ²³ À la résurrection, duquel d'entre eux sera-t-elle la femme? Car les sept l'ont eue pour femme. ²⁴ Jésus leur répondit: N'êtes-vous pas dans l'erreur, parce que vous ne comprenez ni les Écritures, ni la puissance de Dieu? ²⁵ Car, à la résurrection des morts, les hommes ne prendront point de femmes, ni les femmes de maris, mais ils seront comme les anges dans les cieux. ²⁶ Pour ce qui est de la résurrection des morts, n'avez-vous pas lu, dans le livre de Moïse, ce que Dieu lui dit, à propos du buisson: *Je suis le Dieu d'Abraham, le Dieu d'Isaac, et le Dieu de Jacob?* ²⁷ Dieu n'est pas Dieu des morts, mais des vivants. Vous êtes grandement dans l'erreur.

Le premier de tous les commandements

²⁸ Un des scribes, qui les avait entendus discuter, sachant que Jésus avait bien répondu aux sadducéens, s'approcha, et lui demanda: Quel est le premier de tous les commandements? ²⁹ Jésus répondit: Voici le premier: *Écoute, Israël, le Seigneur, notre Dieu, est l'unique Seigneur;* ³⁰ *et: Tu aimeras le Seigneur, ton*

Le Christ, source de Vie, fresque, 1356, église de la Dormition, monastère de Matejche, région de Kumanovo, Ex-république yougoslave de Macédoine.

Dieu, de tout ton cœur, de toute ton âme, de toute ta pensée, et de toute ta force. [31] *Voici le second: Tu aimeras ton prochain comme toi-même.* Il n'y a pas d'autre commandement plus grand que ceux-là. [32] Le scribe lui dit: Bien, maître; tu as dit avec vérité que Dieu est unique, et qu'il n'y en a point d'autre que lui, [33] et que l'aimer de tout son cœur, de toute sa pensée, de toute son âme et de toute sa force, et aimer son prochain comme soi-même, c'est plus que tous les holocaustes et tous les sacrifices. [34] Jésus, voyant qu'il avait répondu avec intelligence, lui dit: Tu n'es pas loin du royaume de Dieu. Et personne n'osa plus lui proposer des questions.

Le *Roi David nomme lui-même le Christ Seigneur* (Mc 12, 36), fresque, peinte vers 1527 par Théophane le Crétois, église du monastère Saint Nicolas Anapafsas, Météores, Grèce.

Le Christ et David

³⁵ Jésus, continuant à enseigner dans le temple, dit: Comment les scribes disent-ils que le Christ est fils de David? ³⁶ David lui-même, animé par l'Esprit-Saint, a dit:

Le Seigneur a dit à mon Seigneur: Assieds-toi à ma droite, Jusqu'à ce que je fasse de tes ennemis ton marchepied.

³⁷ David lui-même l'appelle Seigneur; comment donc est-il son fils? Et une grande foule l'écoutait avec plaisir.

L'hypocrisie des scribes

³⁸ Il leur disait dans son enseignement: Gardez-vous des scribes, qui aiment à se promener en robes longues, et à être salués dans

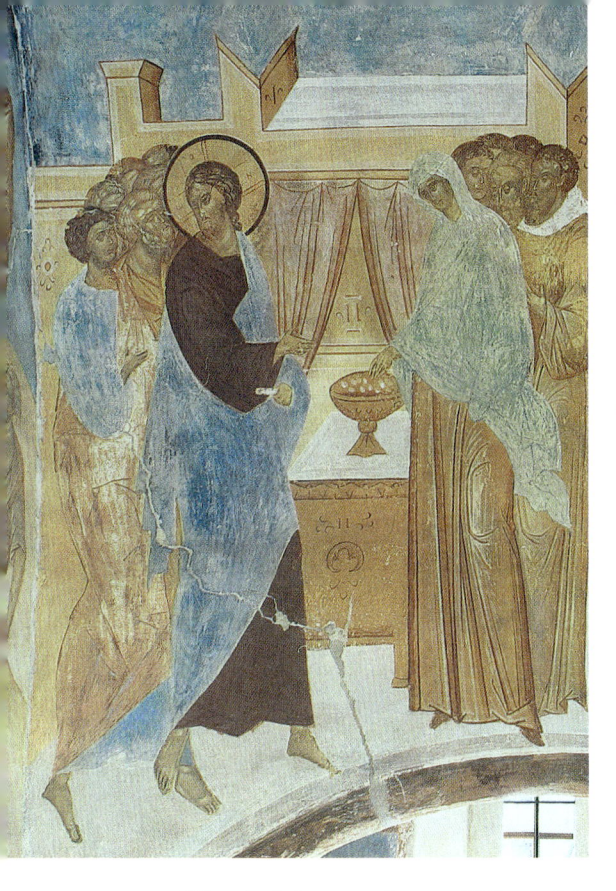

les places publiques; ³⁹ qui recherchent les premiers sièges dans les synagogues, et les premières places dans les festins; ⁴⁰ qui dévorent les maisons des veuves, et qui font pour l'apparence de longues prières. Ils seront jugés plus sévèrement.

L'obole de la veuve

⁴¹ Jésus, s'étant assis vis-à-vis du tronc, regardait comment la foule y mettait de l'argent. Plusieurs riches mettaient beaucoup. ⁴² Il vint aussi une pauvre veuve, elle y mit deux petites pièces, faisant un quart de sou. ⁴³ Alors Jésus, ayant appelé ses disciples, leur dit: Je vous le dis en vérité, cette pauvre veuve a donné plus qu'aucun de ceux qui ont mis dans le tronc; ⁴⁴ car tous ont mis de leur superflu, mais elle a mis de son nécessaire, tout ce qu'elle possédait, tout ce qu'elle avait pour vivre.

Offrande de la veuve, fresque, XVᵉ s., peinte par Maître Denis, église du monastère de Pherapontov, Russie.

La destruction du temple

13 ¹ Lorsque Jésus sortit du temple, un de ses disciples lui dit: Maître, regarde quelles pierres, et quelles constructions! ² Jésus lui répondit: Vois-tu ces grandes constructions? Il ne restera pas pierre sur pierre qui ne soit renversée.

Les signes annonciateurs de la fin

³ Il s'assit sur la montagne des oliviers, en face du temple. Et Pierre, Jacques, Jean et André lui firent en particulier cette question: ⁴ Dis-nous, quand cela arrivera-t-il, et à quel signe connaîtra-t-on que toutes ces choses vont s'accomplir? ⁵ Jésus se mit alors à leur dire: Prenez garde que personne ne vous séduise. ⁶ Car plusieurs viendront sous mon nom, disant; C'est moi. Et ils séduiront beaucoup de gens. ⁷ Quand vous entendrez parler de guerres et de bruits de guerres, ne soyez pas troublés, car il faut que ces choses arrivent. Mais ce ne sera pas encore la fin. ⁸ Une nation s'élèvera contre une nation, et un royaume contre un royaume; il y aura des tremblements de terre en divers lieux, il y aura des famines. Ce ne sera que le commencement des douleurs.

⁹ Prenez garde à vous-mêmes. On vous livrera aux tribunaux, et vous serez battus de verges dans les synagogues; vous comparaîtrez devant des gouverneurs et devant des rois, à cause de moi, pour leur servir de témoignage. ¹⁰ Il faut premièrement que la bonne nouvelle soit prêchée à toutes les nations.

¹¹ Quand on vous emmènera pour vous livrer, ne vous inquiétez pas d'avance de ce que vous aurez à dire, mais dites ce qui vous sera donné à l'heure même; car ce

« *Quand vous entendrez parler de guerres* » Mc 12, 7, détail de la fresque d'un saint guerrier.

n'est pas vous qui parlerez, mais l'Esprit-Saint. ¹² Le frère livrera son frère à la mort, et le père son enfant; les enfants se soulèveront contre leurs parents, et les feront mourir. ¹³ Vous serez haïs de tous, à cause de mon nom, mais celui qui persévérera jusqu'à la fin sera sauvé.

Une grande détresse

¹⁴ Lorsque vous verrez *l'abomination de la désolation* établie là où elle ne doit pas être, - que celui qui lit fasse attention, -alors, que ceux qui seront en Judée fuient dans les montagnes; ¹⁵ que celui qui sera sur le toit ne descende pas et n'entre pas pour prendre quelque chose dans sa maison; ¹⁶ et que celui qui sera dans les champs ne retourne pas en arrière pour prendre son manteau. ¹⁷ Malheur aux femmes qui seront enceintes et à celles qui allaiteront en ces jours-là! ¹⁸ Priez pour que ces choses n'arrivent pas en hiver. ¹⁹ Car *la détresse*, en ces jours, *sera telle qu'il n'y en a point eu* de semblable *depuis* le commencement du monde que

Le Fils de l'homme entouré des Puissances célestes, fresque, vers 1350, église du Pantocrator, monastère de Decāni, Kosovo-Serbie.

Dieu a créé *jusqu'à présent*, et qu'il n'y en aura jamais. [20] Et, si le Seigneur n'avait abrégé ces jours, personne ne serait sauvé; mais il les a abrégés, à cause des élus qu'il a choisis. [21] Si quelqu'un vous dit alors: «Le Christ est ici,» ou: «Il est là», ne le croyez pas. [22] Car il s'élèvera de faux Christs et de faux prophètes; ils feront des prodiges et des miracles pour séduire les élus, s'il était possible. [23] Soyez sur vos gardes: je vous ai tout annoncé d'avance.

La venue en gloire du Fils de l'homme

[24] Mais dans ces jours, après cette détresse, *le soleil s'obscurcira, la lune ne donnera plus sa lumière,* [25] *les étoiles tomberont du ciel, et les puissances qui sont dans les cieux* seront ébranlées. [26] Alors on verra le Fils de l'homme venant sur les nuées avec une grande puissance et avec gloire. [27] Alors il enverra les anges, et il rassemblera les élus des quatre vents, de l'extrémité de la terre jusqu'à l'extrémité du ciel.

La fin des temps, fresque, 1603, façade du couloir en face du réfectoire, monastère Dionysiou, Mont Athos.

Parabole du figuier

²⁸ Instruisez-vous par une comparaison tirée du figuier. Dès que ses branches deviennent tendres, et que les feuilles poussent, vous connaissez que l'été est proche. ²⁹ De même, quand vous verrez ces choses arriver, sachez que le Fils de l'homme est proche, à la porte. ³⁰ Je vous le dis en vérité, cette génération ne passera point, que tout cela n'arrive. ³¹ Le ciel et la terre passeront, mais mes paroles ne passeront point.

³² Pour ce qui est du jour ou de l'heure, personne ne le sait, ni les anges dans le ciel, ni le Fils, mais le Père seul.

Exhortation à la vigilance

³³ Prenez garde, veillez et priez; car vous ne savez quand ce temps viendra. ³⁴ Il en sera comme d'un homme qui, partant pour un voyage, laisse sa maison, remet l'autorité à ses serviteurs, indique à chacun sa tâche, et ordonne au portier de veiller. ³⁵ Veillez donc, car vous ne savez quand viendra le maître de la maison, ou le soir, ou au milieu de la nuit, ou au chant du coq, ou le matin; ³⁶ craignez qu'il ne vous trouve endormis, à son arrivée soudaine. ³⁷ Ce que je vous dis, je le dis à tous: Veillez.

Le complot contre Jésus

14 ¹ La fête de Pâque et des pains sans levain devait avoir lieu deux jours après. Les grands prêtres et les scribes cherchaient les moyens d'arrêter Jésus par ruse, et de le faire mourir. ² Car ils disaient: Que ce ne soit pas pendant la fête, afin qu'il n'y ait pas de tumulte parmi le peuple.

L'onction de Béthanie

³ Comme Jésus était à Béthanie, dans la maison de Simon le lépreux, une femme entra, pendant qu'il se trouvait à table. Elle tenait un vase d'albâtre, qui renfermait un parfum de nard pur

L'onction de Béthanie, fresque, vers 1350, église du Pantocrator, monastère de Dečani, Kosovo-Serbie.

de grand prix; et, ayant rompu le vase, elle répandit le parfum sur la tête de Jésus. ⁴ Quelques-uns exprimèrent entre eux leur indignation: À quoi bon perdre ce parfum? ⁵ On aurait pu le vendre plus de trois cents deniers, et les donner aux pauvres. Et ils s'irritaient contre cette femme. ⁶ Mais Jésus dit: Laissez-la. Pourquoi lui faites-vous de la peine? Elle a fait une bonne action à mon égard; ⁷ car vous avez toujours les pauvres avec vous, et vous pouvez leur faire du bien quand vous voulez, mais vous ne m'avez pas toujours. ⁸ Elle a fait ce qu'elle a pu; elle a d'avance embaumé mon corps pour la sépulture. ⁹ Je vous le dis en vérité, partout où la bonne nouvelle sera prêchée, dans le monde entier, on racontera aussi en mémoire de cette femme ce qu'elle a fait.

Judas s'apprête à livrer Jésus

¹⁰ Judas Iscariot, l'un des douze, alla vers les grands prêtres, afin de leur livrer Jésus. ¹¹ Après l'avoir entendu, ils furent dans la joie, et promirent de lui donner de l'argent. Et Judas cherchait une occasion favorable pour le livrer.

Les préparatifs du repas pascal

¹² Le premier jour des pains sans levain, où l'on immolait la Pâque, les disciples de Jésus lui dirent: Où veux-tu que nous allions te préparer la Pâque? ¹³ Et il envoya deux de ses disciples, et leur dit: Allez à la ville; vous rencontrerez un homme portant une cruche d'eau, suivez-le. ¹⁴ Quelque part qu'il entre, dites au maître de la maison: Le maître dit: Où est le lieu où je mangerai la Pâque avec mes disciples? ¹⁵ Et il vous montrera une grande chambre haute, meublée et toute prête: c'est là que vous nous préparerez la Pâque. ¹⁶ Les disciples partirent, arrivèrent à la ville, et trouvèrent les choses comme il le leur avait dit; et ils préparèrent la Pâque.

Juda reçoit le salaire de sa trahison, fresque, 1327-18, église Saint Georges, Ex-république yougoslave de Macédoine.

Repas - Annonce de la trahison de Judas

¹⁷ Le soir étant venu, il arriva avec les douze. ¹⁸ Pendant qu'ils étaient à table et qu'ils mangeaient, Jésus dit: Je vous le dis en

Judas le traître tend la main vers le plat, fresque, vers 1320, église du monastère Saint Nicétas, Banjani (Gornjani), au nord de Skopje, Ex-république yougoslave de Macédoine.

vérité, l'un de vous, qui mange avec moi, me livrera. [19] Ils commencèrent à s'attrister, et à lui dire, l'un après l'autre: Est-ce moi? [20] Il leur répondit: C'est l'un des douze, qui met avec moi la main dans le plat. [21] Le Fils de l'homme s'en va selon ce qui est écrit de lui. Mais malheur à l'homme par qui le Fils de l'homme est livré! Mieux vaudrait pour cet homme qu'il ne fût pas né.

Institution de l'Eucharistie

²² Pendant qu'ils mangeaient, Jésus prit du pain; et, après avoir rendu grâces, il le rompit, et le leur donna, en disant: Prenez, ceci est mon corps. ²³ Il prit ensuite une coupe; et, après avoir rendu grâces, il la leur donna, et ils en burent tous. ²⁴ Et il leur dit: Ceci est mon sang, le sang de l'alliance, qui est répandu pour plusieurs. ²⁵ Je vous le dis en vérité, je ne boirai plus jamais du fruit de la vigne, jusqu'au jour où je le boirai nouveau dans le royaume de Dieu.

Prédiction du reniement de Pierre

²⁶ Après avoir chanté les cantiques, ils se rendirent à la montagne des oliviers. ²⁷ Jésus leur dit: Vous serez tous scandalisés; car il est écrit: *Je frapperai le berger, et les brebis seront dispersées.* ²⁸ Mais, après que je serai ressuscité, je vous précéderai en Galilée. ²⁹ Pierre lui dit: Quand tous seraient scandalisés, je ne serai pas scandalisé. ³⁰ Et Jésus lui dit: Je te le dis en vérité, toi, aujourd'hui, cette nuit même, avant que le coq chante deux fois, tu me renieras trois fois. ³¹ Mais Pierre reprit plus fortement: Quand il me faudrait mourir avec toi, je ne te renierai pas. Et tous dirent la même chose.

La prière de Jésus à Gethsémani

³² Ils allèrent ensuite dans un lieu appelé Gethsémani, et Jésus dit à ses disciples: Asseyez-vous ici, pendant que je prierai. ³³ Il prit avec lui Pierre, Jacques et Jean, et il commença à éprouver de la frayeur et des angoisses. ³⁴ Il leur dit: Mon âme est triste jusqu'à la mort; restez ici, et veillez. ³⁵ Puis, ayant fait quelques pas en avant, il se jeta contre terre, et pria que, s'il était possible, cette heure s'éloignât de lui. ³⁶ Il disait: Abba, Père, toutes choses te sont possibles, éloigne de moi cette coupe! Toutefois, non pas ce que je veux, mais ce que tu veux. ³⁷ Et il vint vers les

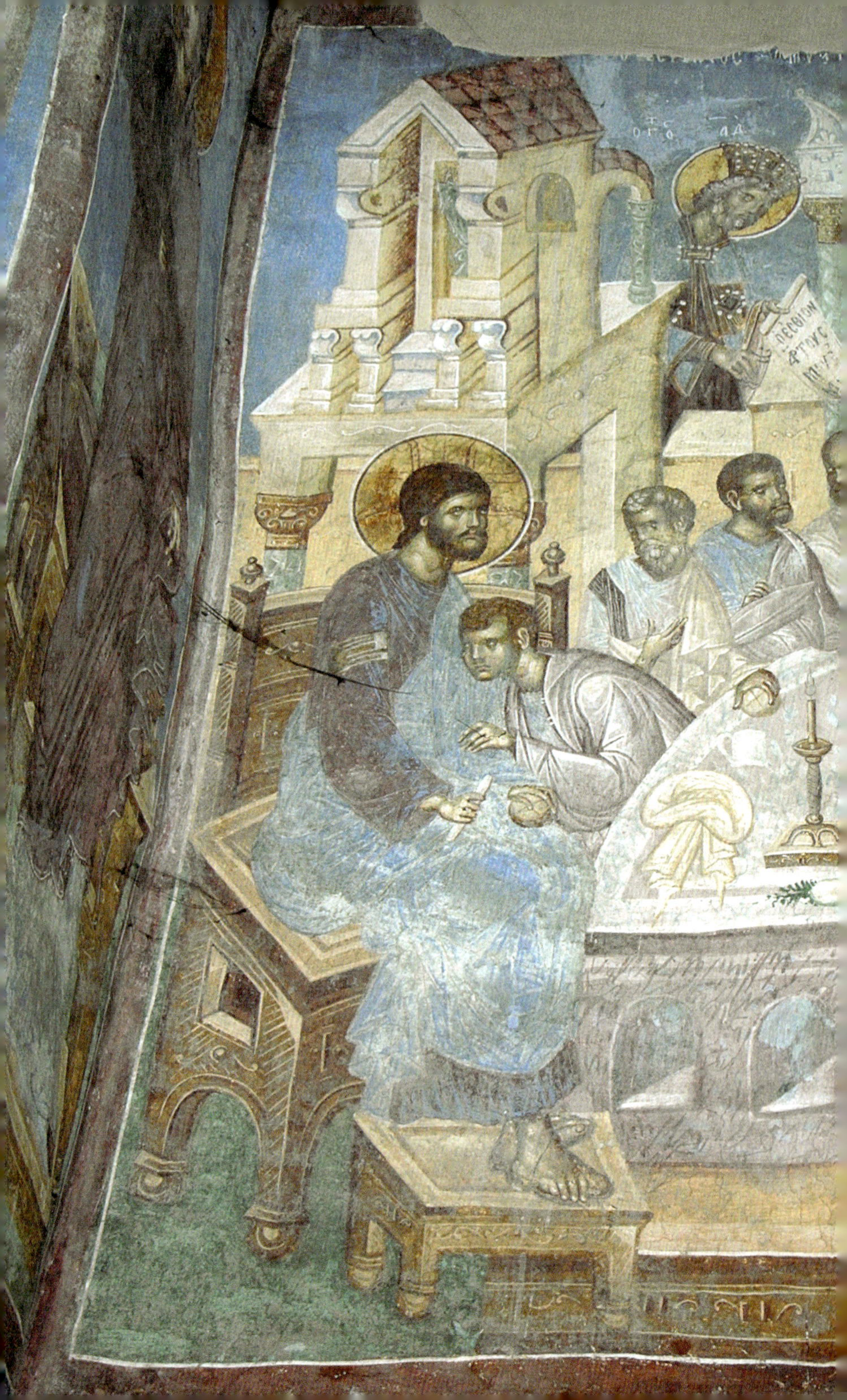

Dernière Cène et institution de l'Eucharistie, fresque, 1389, église du monastère Saint André, Matka, sud-ouest de Skopje, Ex-république yougoslave de Macédoine.

Le Christ Jésus à Gethsémani, fresque, vers 1350, église du Pantocrator, monastère de Decăni, Kosovo-Serbie.

disciples, qu'il trouva endormis, et il dit à Pierre: Simon, tu dors! Tu n'as pu veiller une heure! ³⁸ Veillez et priez, afin que vous ne tombiez pas en tentation; l'esprit est bien disposé, mais la chair est faible. ³⁹ Il s'éloigna de nouveau, et fit la même prière. ⁴⁰ Il revint, et les trouva encore endormis; car leurs yeux étaient appesantis. Ils ne surent que lui répondre. ⁴¹ Il revint pour la troisième fois, et leur dit: Dormez maintenant, et reposez-vous! C'est assez! L'heure est venue; voici, le Fils de l'homme est livré aux mains des pécheurs. ⁴² Levez-vous, allons; voici, celui qui me livre s'approche.

L'arrestation de Jésus

⁴³ Et aussitôt, comme il parlait encore, arriva Judas l'un des douze, et avec lui une foule armée d'épées et de bâtons, envoyée par les grands prêtres, par les scribes et par les anciens. ⁴⁴ Celui qui le livrait leur avait donné ce signe: Celui que je baiserai, c'est lui; saisissez-le, et emmenez-le sûrement. ⁴⁵ Dès qu'il fut arrivé, il s'approcha de Jésus, disant: Rabbi! Et il le baisa. ⁴⁶ Alors ces gens mirent la main sur Jésus, et le saisirent. ⁴⁷ Un de ceux qui étaient là, tirant l'épée, frappa le serviteur du Grand Prêtre, et lui emporta l'oreille.

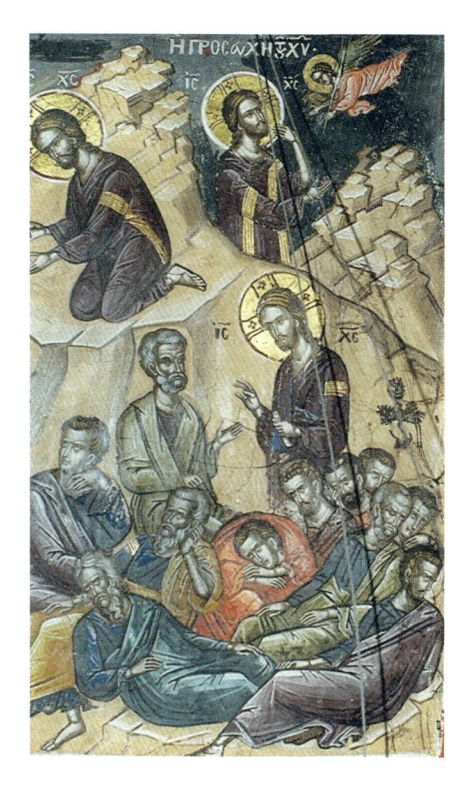

Le Christ en prière réconforté par un ange ; les Apôtres endormis et le reproche à Pierre, fresque, 1557, monastère Saint Bissarion Dousikou, région des Météores, Grèce.

⁴⁸ Jésus, prenant la parole, leur dit: Vous êtes venus, comme après un brigand, avec des épées et des bâtons, pour vous emparer de moi. ⁴⁹ J'étais tous les jours parmi vous, enseignant dans le temple, et vous ne m'avez pas saisi. Mais c'est afin que les Écritures soient accomplies. ⁵⁰ Alors tous l'abandonnèrent, et prirent la fuite. ⁵¹ Un jeune homme le suivait, n'ayant sur le corps qu'un drap. On se saisit de lui; ⁵² mais il lâcha son vêtement, et se sauva tout nu.

Illustration pp. 96-97
Baiser de Judas et arrestation de Jésus, fresque, 1568, église de la Transfiguration, Klimatia, Épire, Grèce.

ΗΓΡΟ

ΔΟCΙΔ·

La comparution devant le sanhédrin

⁵³ Ils emmenèrent Jésus chez le Grand Prêtre, où s'assemblèrent tous les grands prêtres, les anciens et les scribes. ⁵⁴ Pierre le suivit de loin jusque dans l'intérieur de la cour du Grand Prêtre; il s'assit avec les serviteurs, et il se chauffait près du feu.

⁵⁵ Les grands prêtres et tout le sanhédrin cherchaient un témoignage contre Jésus, pour le faire mourir, et ils n'en trouvaient point; ⁵⁶ car plusieurs rendaient de faux témoignages contre lui, mais les témoignages ne s'accordaient pas. ⁵⁷ Quelques-uns se levèrent, et portèrent un faux témoignage contre lui, disant: ⁵⁸ Nous l'avons entendu dire: Je détruirai ce temple fait de main d'homme, et en trois jours j'en bâtirai un autre qui ne sera pas

Jésus chez le grand prêtre, fresque, XVIᵉ s., église du monastère de la Transfiguration, Driovouno, Macédoine, Grèce.

Le grand prêtre accuse Jésus de blasphème et déchire son vêtement, fresque, XIVe s., église Saint Dimitris, monastère Saint Marc, Sušica, au sud de Skopje, Ex-république yougoslave de Macédoine.

fait de main d'homme. [59] Même sur ce point-là leur témoignage ne s'accordait pas.

[60] Alors le Grand Prêtre, se levant au milieu de l'assemblée, interrogea Jésus, et dit: Ne réponds-tu rien? Qu'est-ce que ces gens déposent contre toi? [61] Jésus garda le silence, et ne répondit rien. Le souverain sacrificateur l'interrogea de nouveau, et lui dit: Es-tu le Christ, le Fils du Dieu béni? [62] Jésus répondit: Je le suis. Et vous verrez *le Fils de l'homme assis à la droite de la puissance de Dieu, et venant sur les nuées du ciel*. [63] Alors le Grand Prêtre déchira ses vêtements, et dit: Qu'avons-nous encore besoin de témoins? [64] Vous avez entendu le blasphème. Que vous en semble? Tous le condamnèrent comme méritant la mort.

[65] Et quelques-uns se mirent à cracher sur lui, à lui voiler le visage et à le frapper à coups de poing, en lui disant: Devine! Et les serviteurs le reçurent en lui donnant des soufflets.

Reniements de Pierre, fresque, XIVe s., église Saint Dimitris, monastère Saint Marc, Sušica, au sud de Skopje, Ex-république yougoslave de Macédoine.

Les reniements de Pierre

[66] Pendant que Pierre était en bas dans la cour, il vint une des servantes du Grand Prêtre. [67] Voyant Pierre qui se chauffait, elle le regarda, et lui dit: Toi aussi, tu étais avec Jésus de Nazareth. [68] Il le nia, disant: Je ne sais pas, je ne comprends pas ce que tu veux dire. Puis il sortit pour aller dans le vestibule. Et le coq chanta. [69] La servante, l'ayant vu, se mit de nouveau à dire à ceux qui étaient présents: Celui-ci est de ces gens-là. [70] (14:69) Et il

Triple reniement de Pierre, fresque, 1618, église de la Mère de Dieu, Klimatia, Épire, Grèce.

le nia de nouveau. (14:70) Peu après, ceux qui étaient présents dirent encore à Pierre: Certainement tu es de ces gens-là, car tu es Galiléen. [71] Alors il commença à faire des imprécations et à jurer: Je ne connais pas cet homme dont vous parlez. [72] Aussitôt, pour la seconde fois, le coq chanta. Et Pierre se souvint de la parole que Jésus lui avait dite: Avant que le coq chante deux fois, tu me renieras trois fois. Et en y réfléchissant, il pleurait.

Jésus comparaît devant Pilate

15¹ Dès le matin, les grands prêtres tinrent conseil avec les anciens et les scribes, et tout le sanhédrin. Après avoir lié Jésus, ils l'emmenèrent, et le livrèrent à Pilate.

Pierre en pleurs et comparution de Jésus devant Pilate, fresque, 1317-18, église Saint Georges, Nagoričane, Ex-république yougoslave de Macédoine.

² Pilate l'interrogea: Es-tu le roi des Juifs? Jésus lui répondit: Tu le dis. ³ Les grands prêtres portaient contre lui plusieurs accusations. ⁴ Pilate l'interrogea de nouveau: Ne réponds-tu rien? Vois de combien de choses ils t'accusent. ⁵ Et Jésus ne fit plus aucune réponse, ce qui étonna Pilate.

Jésus est condamné à mort

⁶ A chaque fête, il relâchait un prisonnier, celui que demandait la foule. ⁷ Il y avait en prison un nommé Barabbas avec ses complices, pour un meurtre qu'ils avaient commis dans une sédition.

Mis en garde par son épouse, Pilate aimerait libérer Jésus mais cède à la pression populaire et se lave les mains « du meurtre de ce juste », fresque, avant 1348, église de la Mère de Dieu, Kuceviste, Ex-république yougoslave de Macédoine.

⁸ La foule, étant montée, se mit à demander ce qu'il avait coutume de leur accorder. ⁹ Pilate leur répondit: Voulez-vous que je vous relâche le roi des Juifs? ¹⁰ Car il savait que c'était par envie

Les soldats outragent le roi des Juifs au prétoire, fresque, 1317-18, église Saint Georges, Nagoričane, Ex-république yougoslave de Macédoine.

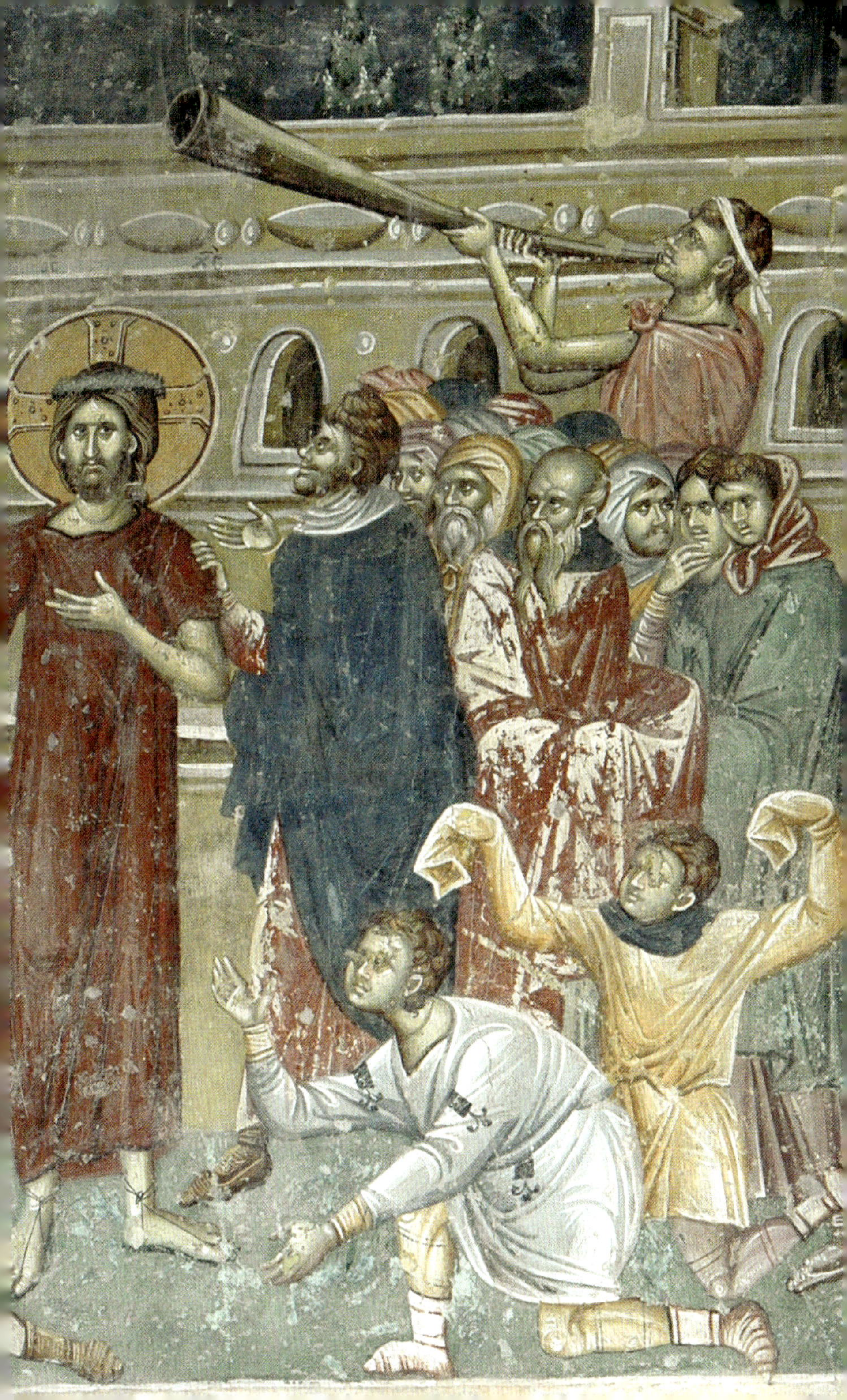

que les grands prêtres l'avaient livré. [11] Mais les grands prêtres excitèrent la foule, afin que Pilate leur relâchât plutôt Barabbas. [12] Pilate, reprenant la parole, leur dit: Que voulez-vous donc que je fasse de celui que vous appelez le roi des Juifs? [13] Ils crièrent de nouveau: Crucifie-le! [14] Pilate leur dit: Quel mal a-t-il fait? Et ils crièrent encore plus fort: Crucifie-le! [15] Pilate, voulant satisfaire la foule, leur relâcha Barabbas; et, après avoir fait battre de verges Jésus, il le livra pour être crucifié.

Les soldats se moquent de Jésus

[16] Les soldats conduisirent Jésus dans l'intérieur de la cour, c'est-à-dire, dans le prétoire, et ils assemblèrent toute la cohorte. [17] Ils le revêtirent de pourpre, et posèrent sur sa tête une couronne d'épines, qu'ils avaient tressée. [18] Puis ils se mirent à le saluer: Salut, roi des Juifs! [19] Et ils lui frappaient la tête avec un roseau, crachaient sur lui, et, fléchissant les genoux, ils se prosternaient devant lui. [20] Après s'être ainsi moqués de lui, ils lui ôtèrent la pourpre, lui remirent ses vêtements, et l'emmenèrent pour le crucifier.

Le crucifiement

[21] Ils forcèrent à porter la croix de Jésus un passant qui revenait des champs, Simon de Cyrène, père d'Alexandre et de Rufus; [22] et ils conduisirent Jésus au lieu nommé Golgotha, ce qui signifie lieu du crâne. [23] Ils lui donnèrent à boire du vin mêlé de myrrhe, mais il ne le prit pas. [24] Ils le crucifièrent, *et se partagèrent ses vêtements, en tirant au sort* pour savoir ce que chacun aurait. [25] C'était la troisième heure, quand ils le crucifièrent. [26] L'inscription indiquant le sujet de sa condamnation portait ces mots: Le roi des Juifs. [27] Ils crucifièrent avec lui deux brigands, l'un à sa droite, et l'autre à sa gauche. [28] Ainsi fut accompli ce que dit l'Écriture: Il a été mis au nombre des malfaiteurs.

Simon de Cyrène porte la croix de Jésus, fresque, 1317-18, église Saint Georges, Nagoričane, Ex-république yougoslave de Macédoine.

Jésus en croix raillé et outragé

²⁹ Les passants l'injuriaient, et secouaient la tête, en disant: Hé! toi qui détruis le temple, et qui le rebâtis en trois jours, ³⁰ sauve-toi toi-même, en descendant de la croix! ³¹ Les grands prêtres aussi, avec les scribes, se moquaient entre eux, et disaient: Il a sauvé les autres, et il ne peut se sauver lui-même! ³² Que le Christ, le roi d'Israël, descende maintenant de la croix, afin que nous voyions et que nous croyions! Ceux qui étaient crucifiés avec lui l'insultaient aussi.

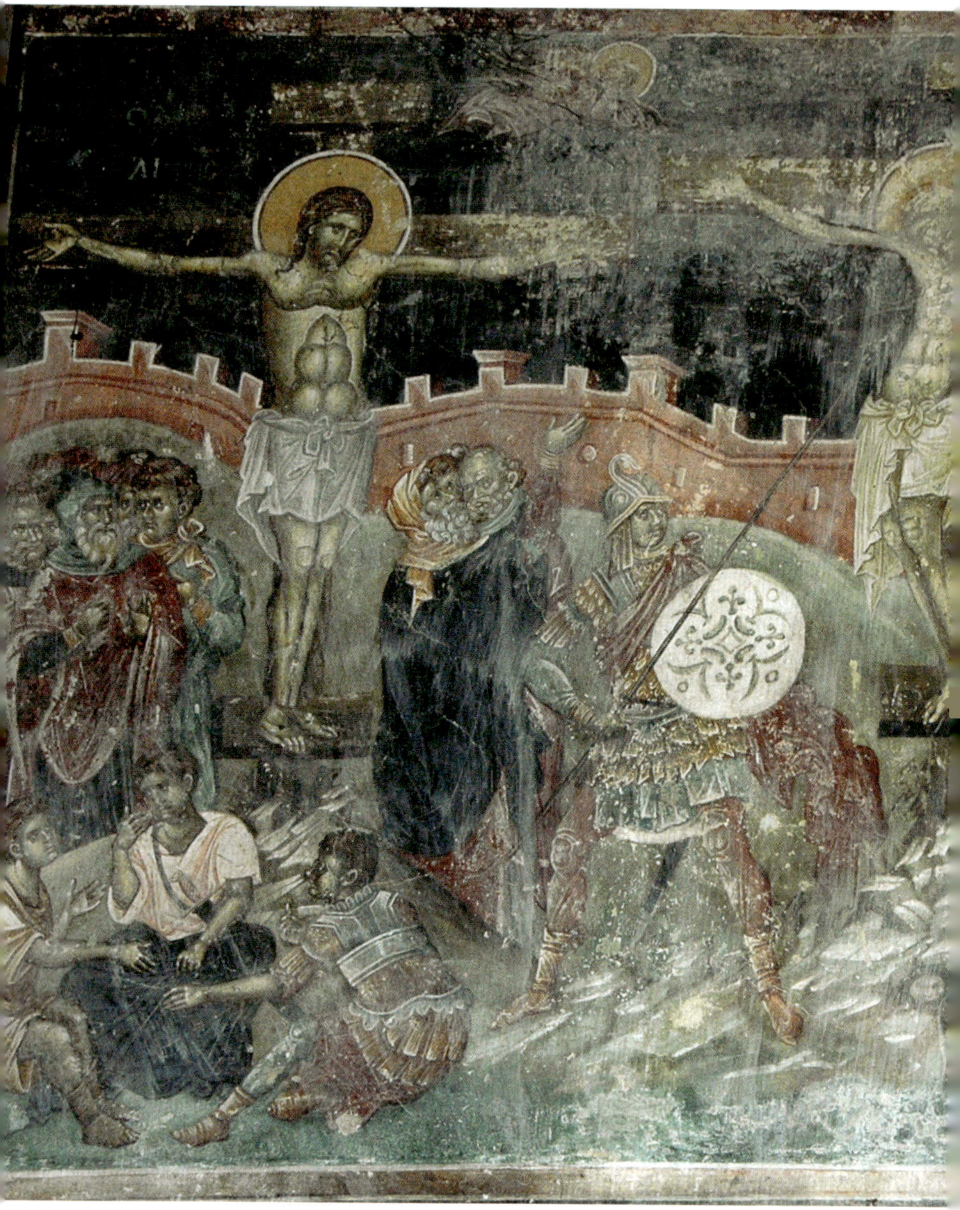

Crucifixion entre deux bandits dont l'un (avec le nimbe), surnommé plus tard le bon larron, se repent et prie le divin Crucifié de le prendre avec Lui dans son Royaume. En bas, à gauche, *les soldats se partagent les vêtements du Crucifié*, fresque, 1317-18, église Saint Georges, Nagoričane, Ex-république yougoslave de Macédoine.

Le Dieu-homme crucifié, détail, fresque, vers 1350, église du Pantocrator, monastère de Dečăni, Kosovo-Serbie.

La mort de Jésus

³³ La sixième heure étant venue, il y eut des ténèbres sur toute la terre, jusqu'à la neuvième heure. ³⁴ Et à la neuvième heure, Jésus s'écria d'une voix forte: *Éloï, Éloï, lama sabachthani? ce qui signifie: Mon Dieu, mon Dieu, pourquoi m'as-tu abandonné?* ³⁵ Quelques-uns de ceux qui étaient là, l'ayant entendu, dirent: Voici, il appelle Élie. ³⁶ Et l'un d'eux courut remplir une éponge de vinaigre, et, l'ayant fixée à un roseau, il lui donna à boire, en disant: Laissez, voyons si Élie viendra le descendre. ³⁷ Mais Jésus, ayant poussé un grand cri, expira. ³⁸ Le voile du temple se déchira en deux, depuis le haut jusqu'en bas. ³⁹ Le centurion, qui était en face de Jésus, voyant qu'il avait expiré de la sorte, dit: Assurément, cet homme était Fils de Dieu. ⁴⁰ Il y avait aussi des femmes qui regardaient de loin. Parmi elles étaient Marie de Magdala, Marie, mère de Jacques le mineur et de Joses, et Salomé, ⁴¹ qui le suivaient et le servaient lorsqu'il était en Galilée, et plusieurs autres qui étaient montées avec lui à Jérusalem.

Joseph d'Arimathie réclame à Pilate le corps de Jésus, fresque, 1568, église de la Transfiguration, Klimatia, Épire, Grèce.

La mise au tombeau

⁴² Le soir étant venu, comme c'était la préparation, c'est-à-dire, la veille du sabbat, - ⁴³ arriva Joseph d'Arimathie, conseiller de

Descente de la Croix, détail, fresque, vers 1320, église du monastère Saint Nicétas, Banjani (Gornjani), au nord de Skopje, Ex-république yougoslave de Macédoine.

distinction, qui lui-même attendait aussi le royaume de Dieu. Il osa se rendre vers Pilate, pour demander le corps de Jésus. [44] Pilate s'étonna qu'il fût mort si tôt; fit venir le centenier et lui demanda s'il était mort depuis longtemps. [45] S'en étant assuré par le centenier, il donna le corps à Joseph. [46] Et Joseph, ayant acheté un linceul, descendit Jésus de la croix, l'enveloppa du linceul, et le déposa dans un sépulcre taillé dans le roc. Puis il roula une pierre à l'entrée du sépulcre. [47] Marie de Magdala, et Marie, mère de Joses, regardaient où on le mettait.

Descente de la Croix, fresque, XIIIe s., église Saint Nicolas, Marcova Varos, près de Prilep, Ex-république yougoslave de Macédoine.

Le tombeau vide et le message de l'ange

16[1] Lorsque le sabbat fut passé, Marie de Magdala, Marie, mère de Jacques, et Salomé, achetèrent des aromates, afin d'aller embaumer Jésus. [2] Le premier jour de la semaine, elles se rendirent au sépulcre, de grand matin, comme le soleil venait de se lever.

[3] Elles disaient entre elles: Qui nous roulera la pierre loin de l'entrée du sépulcre? [4] Et, levant les yeux, elles aperçurent que la pierre, qui était très grande, avait été roulée. [5] Elles entrèrent dans le sépulcre, virent un jeune homme assis à droite vêtu d'une

ὁ ἐνταφιασ(μός)

L'apôtre Jean (avec le nimbe) et Joseph d'Arimathie portent Jésus au Tombeau, fresque, 1317-18, église Saint Georges, Nagoricane, Ex-république yougoslave de Macédoine.

Les femmes au Tombeau, puis annonce à Pierre et aux Apôtres, fresque, XVIe s., église du monastère de la Transfiguration, Driovouno, Macédoine, Grèce.

robe blanche, et elles furent épouvantées. ⁶ Il leur dit: Ne vous épouvantez pas; vous cherchez Jésus de Nazareth, qui a été crucifié; il est ressuscité, il n'est point ici; voici le lieu où on l'avait mis. ⁷ Mais allez dire à ses disciples et à Pierre qu'il vous précède en Galilée: c'est là que vous le verrez, comme il vous l'a dit. ⁸

Elles sortirent du sépulcre et s'enfuirent. La peur et le trouble les avaient saisies; et elles ne dirent rien à personne, à cause de leur effroi.

Apparition à Marie-Madeleine, fresque récente, église du monastère du Saint Prophète Élie, Preveza, Grèce.

ΙC ΧC

ΜΗ ΜΟΥ ΑΠΤΟΥ

En route vers Emmaüs, Jésus se joint à deux disciples qui ne le reconnaissent pas de prime abord et le pressent de les accompagner à l'auberge pour la nuit. Au cours du repas partagé, ils le reconnaissent à la fraction du pain et il disparaît de leur vue, fresque récente, église du monastère du Saint Prophète Élie, Preveza, Grèce.

Apparitions de Jésus ressuscité

[9] Jésus, étant ressuscité le matin du premier jour de la semaine, apparut d'abord à Marie de Magdala, de laquelle il avait chassé sept démons. [10] Elle alla en porter la nouvelle à ceux qui avaient été avec lui, et qui s'affligeaient et pleuraient. [11] Quand ils entendirent qu'il vivait, et qu'elle l'avait vu, ils ne le crurent point.

[12] Après cela, il apparut, sous une autre forme, à deux d'entre eux qui étaient en chemin pour aller à la campagne. [13] Ils revinrent l'annoncer aux autres, qui ne les crurent pas non plus.

[14] Enfin, il apparut aux onze, pendant qu'ils étaient à table; et il leur reprocha leur incrédulité et la dureté de leur cœur, parce qu'ils n'avaient pas cru ceux qui l'avaient vu ressuscité. [15] Puis

Jésus envoie ses disciples proclamer la Bonne Nouvelle dans le monde entier, fresque, vers 1350, église du Pantocrator, monastère de Decāni, Kosovo-Serbie.

il leur dit: Allez par tout le monde, et prêchez la bonne nouvelle à toute la création. [16] Celui qui croira et qui sera baptisé sera sauvé, mais celui qui ne croira pas sera condamné. [17] Voici les miracles qui accompagneront ceux qui auront cru: en mon nom, ils chasseront les démons; ils parleront de nouvelles langues; [18] ils saisiront des serpents; s'ils boivent quelque breuvage mortel, il ne leur fera point de mal; ils imposeront les mains aux malades, et les malades, seront guéris.

Ascension de Jésus et proclamation de l'Évangile

[19] Le Seigneur, après leur avoir parlé, fut enlevé au ciel, et il s'assit à la droite de Dieu. [20] Et ils s'en allèrent prêcher partout. Le Seigneur travaillait avec eux, et confirmait la parole par les miracles qui l'accompagnaient.

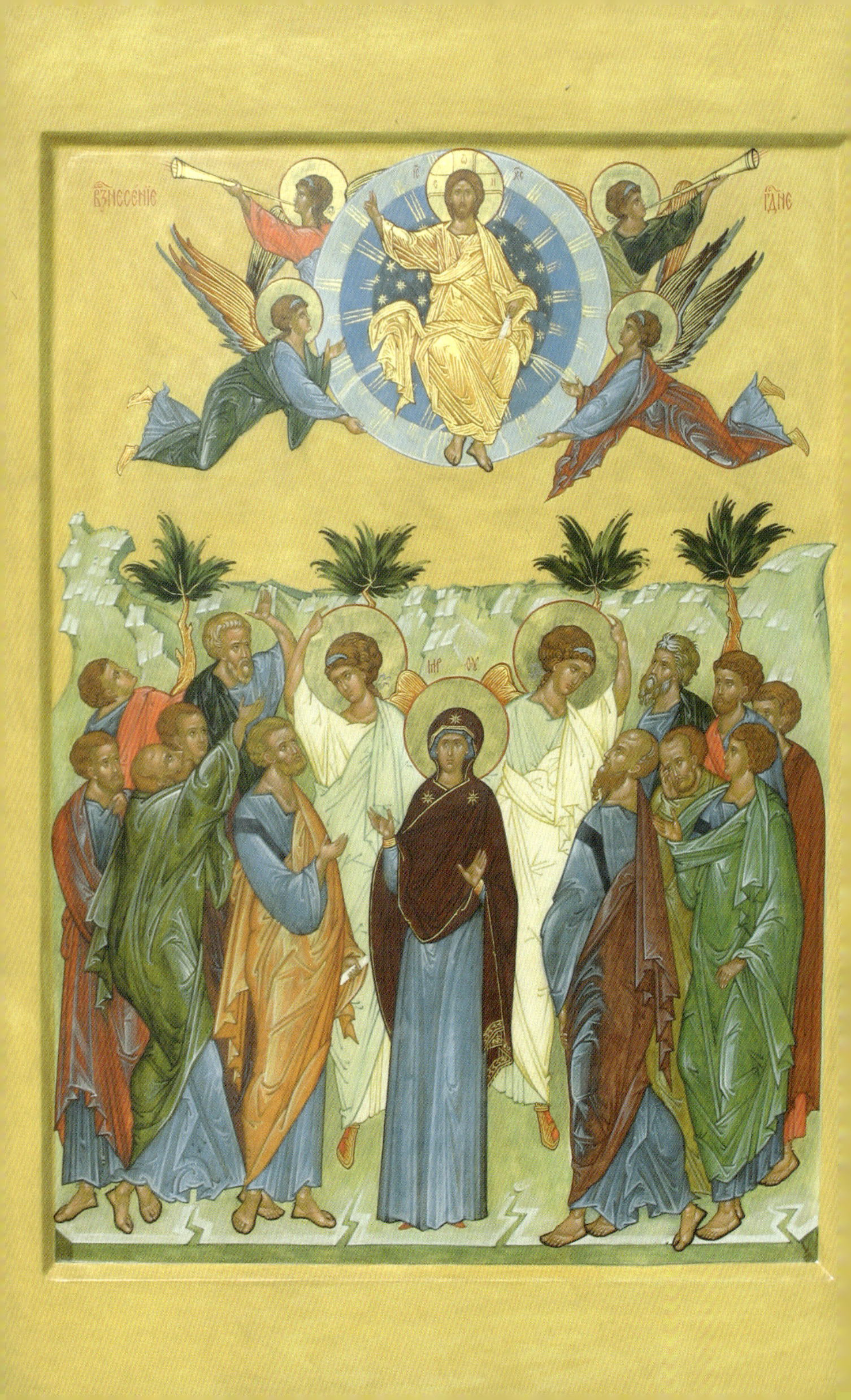
ВЗНЕСЕНІЕ
ГДНЕ

Christ en gloire. Comme Il est parti, Il reviendra. Fresque peinte par Fraggos et Georges Kontaris, 1558, église Saint Dimitris, Klimatia, Épire, Grèce.

Ascension, icône récente.

Table des matières

La proclamation de Jean-Baptiste 13
Baptême de Jésus 14
Tentation au désert 14
Jésus inaugure sa prédication 18
Appel des quatre premiers disciples 18
Enseignement à la synagogue de Capharnaüm et guérison d'un démoniaque 18
Guérison de la belle-mère de Simon et d'autres malades 19
Jésus quitte secrètement Capharnaüm et parcourt la Galilée 22
Guérison d'un lépreux 23
Guérison d'un paralytique à Capharnaüm 23
Appel de Lévi, le collecteur des taxes 25
Discussion sur le jeûne 26
Les épis arrachés et l'observation du sabbat 27
Guérison d'un homme à la main desséchée le jour du sabbat . . . 28
Les foules à la suite de Jésus 28
Le choix des Douze 28
Le pouvoir de Jésus sur les démons 29
Le blasphème contre l'Esprit Saint 30
La vraie parenté de Jésus 31
Parabole du semeur 31
Pourquoi Jésus parle en paraboles 32
Explication de la parabole du semeur 32
Paraboles de la lampe et de la mesure 33
Parabole de la semence qui pousse toute seule 34
Parabole de la graine de moutarde 34
L'enseignement en paraboles 34
La tempête apaisée 34

Guérison d'un démoniaque Gadarénien.	35
Guérison d'une hémorroïsse et résurrection de la fille de Jaïre.	37
Jésus n'est pas reconnu dans sa patrie	40
Envoi des Douze en mission	40
La décapitation de Jean-Baptiste	42
Jésus nourrit cinq mille hommes	44
Jésus marche sur la mer.	45
Guérisons à Gennésareth	45
Traditions humaines et commandements divins	48
Ce qui souille l'être humain.	49
En pays non-juif : la foi d'une femme syrophénicienne	50
En pays non juif : guérison d'un sourd-muet	51
En pays non juif : Jésus nourrit quatre mille personnes.	54
Les Pharisiens demandent un signe dans le ciel	54
Les disciples peinent à comprendre.	54
Guérison de l'aveugle de Bethsaïda.	56
Profession de foi de Pierre	56
Jésus annonce sa mort et sa Résurrection.	56
Comment suivre Jésus.	56
La Transfiguration.	58
Guérison d'un enfant possédé.	60
Deuxième annonce de sa Passion et de sa Résurrection	61
Qui est le plus grand ?.	62
Qui n'est pas contre nous est pour nous.	63
Le scandale	64
Mariage et divorce	64
Jésus bénit les enfants.	65
La question d'un riche	66
Le danger des richesses.	66
Récompense promise au détachement	66
Jésus annonce pour la troisième fois sa Passion et sa Résurrection	67
La demande de Jacques et de Jean	68
Guérison de l'aveugle Bartimée.	68
L'entrée de Jésus à Jérusalem.	70
Le figuier stérile.	74
Les vendeurs chassés du temple	74

À propos du figuier : la puissance de la foi 74
L'autorité de Jésus en question 75
Paraboles des vignerons homicides 76
L'impôt dû à César 78
Une question sur la résurrection 79
Le premier de tous les commandements 79
Le Christ et David 81
L'hypocrisie des scribes 81
L'obole de la veuve 82
La destruction du temple 82
Les signes annonciateurs de la fin 83
Une grande détresse 84
La venue en gloire du Fils de l'homme 85
Parabole du figuier 86
Exhortation à la vigilance 86
Le complot contre Jésus 86
L'onction de Béthanie 86
Judas s'apprête à livrer Jésus 88
Les préparatifs du repas pascal 88
Repas - Annonce de la trahison de Judas 89
Institution de l'Eucharistie 91
Prédiction du reniement de Pierre 91
La prière de Jésus à Gethsémani 91
L'arrestation de Jésus 95
La comparution devant le sanhédrin 98
Les reniements de Pierre 100
Jésus comparaît devant Pilate 102
Jésus est condamné à mort 103
Les soldats se moquent de Jésus 106
Le crucifiement 106
Jésus en croix raillé et outragé 107
La mort de Jésus 110
La mise au tombeau 111
Le tombeau vide et le message de l'ange 113
Apparitions de Jésus ressuscité 120
Ascension de Jésus et proclamation de l'Évangile 121